밀레니얼을 위한
역사
오디세이

역사
오디세이

강웅천 지음

불확실한 시대를
똑똑하게 살기 위한
짧고 쉬운
역사 이야기

그린비

들어가며

이 책의 원고는 대부분 2016년부터 진행해 온 '세리시이오(SERI CEO)'의 온라인 교양 강의에 바탕을 두고 있다. 동양과 서양, 한국과 세계, 고대와 현대를 넘나들면서 인류 역사의 다양한 측면을 입체적으로 들여다보는 것이 '역사 오디세이'의 목적이다. 독자들은 이 책에서 지역적·인종적·계급적 편견과 차별이 인류 역사의 진전을 가로막고 때로는 피로 얼룩지게 만든 현장을 목격하게 될 것이다. 또한 그러한 차별을 극복하고 인류의 보편적 진보를 이룩해 온 위대한 사람들과 그들의 실천도 만날 수 있을 것이다.

원고를 갈무리할 무렵 일찍이 경험하지 못한 역사적 사건이 일어났다. 코로나19 바이러스의 습격이었다. 치사율을 조정해 가면서 감염력을 극대화시킨 신형 바이러스는 확산 과정에서 인류를 여러 차례 시험에 들게 했다. 처음에 이 바이러스는 중국의 비위생적인 환경과 식습관에 기생하면서 일부 중국인을 희생시키는 것으로 유행을 마감할 것처럼 보이더니, 아차 하는 사이에 한국과 일본을 비롯한 아시아 전역에 전선을 형성했다. 중국이 지독한 희생을 치른 끝에 안정을 찾아 가고 아시아에서도 질병 통제의 희망이 보인다고 생각한 순간, 바이러스는 유럽과 미국으로 퍼져 나가 전 세계를 공포의 도가니로 몰아넣었다.

처음에 코로나19는 우한 바이러스, 중국 바이러스로 불리며 중국 혐오를 증폭시키는 빌미로 쓰였다. 바이러스가 중국 주변으로 옮겨 붙으면서 혐오의 범위는 중국인뿐 아니라 모든 동양인으로 넓혀졌다. 유럽과 미국으로 전선이 확산된 뒤에도 일부 서방의 정치 지도자는 공공연히 중국 바이러스라는 말을 사용하며 위기의 책임을 전가하려는 듯한 태도를 보였다. 그러나 사태의 전개는 더 이상 그와 같은 인종 혐오의 코드로는 인류에 대한 미증유의 도전을 극복할 수 없음을 똑똑히 알려 주었다. 최초의 타격 대상이 어디였고 전염 확산에 누가 더 책임이 있든 간에 이 전쟁이 인류 전체를 상대로 벌어지고 있다는 것은 누구의 눈에도 분명해졌다. 한마디로 코로나19는 인류 내부의 지역적·인종적·문화적 차이나 차별 따위를 무의미한 것으로 만들어 버렸다.

이와 같은 사태의 전개 속에서 원고들을 정리하다 보니 마치 모든 글이 바이러스의 습격에 처한 인류의 과거 이야기처럼 읽혔다. 인류가 이 책에 나오는 온갖 편견과 차별의 역사를 청산하고 협력하지 않는다면, 바이러스는 지금보다 훨씬 더 가공할 모습으로 진화하면서 인류를 절멸시킬지도 모른다. 꼭 바이러스뿐이겠는가? 지구는 인류 스스로 개발한 자폭용 대량살상무기, 인류가 자초한 환경과 문명 파괴의 위협 요인 등으로 이미 포화상태다.

보카치오의 『데카메론』은 중세 말기 흑사병을 피해 별장에 모인 열 명의 남녀가 나누는 이야기를 모아 놓은 액자소설이다. 그 이야기들은 인간의 탐욕과 어리석음에 대한 조소로 가득하지만, 이를 통해 역설적으로 흑사병 이후를 밝혀 줄 인간성의 해방을 노래하고 있다. 편견과 차별이 빚은 우스꽝스러운 역사 이야기들이 협력과 연대를 자극하고, 인류 역사를 밝혀 온 위대한 사람들의 이야기가 희망과 용기를 주기 바라며 작은 책을 내놓는다.

2020년 4월

강응천

차례

1부 언어와 도구의 오디세이

- 숫자를 쓸 때 왜 세 자리마다 쉼표를 찍을까? : 읽을 땐 네 자리, 쓸 땐 세 자리 … 12
- 우왕좌왕 엇갈린 근현대사의 비극 : 통행 규칙은 왜 세 번이나 바뀌었을까? … 16
- 목놓아 외치는 만세의 기쁨 : 삼월의 하늘에 울려 퍼진 '대한독립만세' … 22
- 한 글자 차이로 뒤집어진 세상 : 일제에 망한 대한제국, 새로 세운 대한민국 … 26
- 바리공주가 약 구하러 떠난 서천서역은 어디일까? : 서역에서 서양까지, 기나긴 지명의 역사 … 32
- 이름에 걸린 마지막 자존심 : 태종 무열왕 김춘추와 태종 이세민 … 38
- 이태원이 여행자 서비스 센터였다고? : 고려의 원(院)과 고대 로마의 호스피탈 … 44
- 캐세이퍼시픽의 '캐세이'가 그런 뜻일 줄이야 : 거란과 요, 같은 나라 다른 이름 … 50
- 북한 사람들은 예루살렘이 어딘지 모른다고? : 예루살렘 혹은 알꾸드스 … 56
- 메소포타미아에는 메소포타미아가 없다 : 메소포타미아 대신 알자지라로 … 62
- 영국은 어떻게 네 팀이나 월드컵에 참가할까? : 켈트족과 앵글로색슨족의 미묘한 동거 … 68
- 지식은 종이의 속도로 퍼진다 : 양피지에서 종이까지 … 74

2부 전통과 개혁의 오디세이

- 가족제도가 빚은 장화홍련의 죽음 : 의외로 짧은 가부장제의 역사 … 82
- 시간에도 주인이 있다고? : 조선의 주권을 되찾은 세종의 천문 프로젝트 … 88
- 변할 것인가 지킬 것인가 : 개화파와 위정척사파의 줄다리기 … 94
- 절대 권력은 절대 부패한다 : 권력의 견제와 감시는 대간의 몫 … 100
- 중국 비단은 좋지만 유교는 싫어! : 유교가 세계 종교가 되지 못한 이유 … 106
- 왕권 국가를 무너뜨린 시민 계급의 탄생 : 탕평군주와 절대군주, 봉건제가 택한 두 가지 노선 … 110
- 쇠락하는 국가, 소생하는 국가 : 유목민과 정착민을 보는 새로운 관점 … 116

3부 침략과 정복의 오디세이

- 전쟁의 승패를 바꾼 영웅들 : 오디세우스의 머리와 아킬레우스의 심장으로 … 124
- 실크로드의 악마 혹은 문화유산의 수호자 : 천년의 보물을 품은 둔황 막고굴 … 130
- 영화 「뮬란」이 터키에서 상영 금지된 이유는? : 터키와 중앙아시아에 뿌리 내린 흉노와 돌궐의 유산 … 136
- 임진왜란에 대한 오해와 진실 : 화약, 전쟁의 패러다임을 바꾸다! … 142
- 혈액형 성격검사를 믿어도 될까 : 과학의 탈을 쓴 우생학 … 148
- 인종에 귀천이 있다는 환상 : 독일과 이란, 아리아인의 원조는 누구? … 154
- 「알로하 오에」, 나라 잃은 설움의 노래 : 하와이 왕국은 어떻게 미국의 50번째 주가 되었나 … 160
- 알렉산더 대왕의 유산은 누구의 것? : '마케도니아'를 둘러싼 공방전 … 166
- 평화를 발명하다 : 뉘른베르크·도쿄 전범재판의 뼈저린 교훈 … 172

4부 동양과 서양의 오디세이

- 2020년일까, 경자년일까? : 서력기원과 육십갑자, 해를 세는 두 가지 방법 … 180
- 문사철과 후마니타스는 왜 다른 길을 걸었나 : 동양과 서양의 인문학 전통 … 184
- 신성한 동양의 용, 사악한 서양의 용 : 더 잘 살기 위한 동서양의 상상력 … 190
- 세계를 양분한 두 가지 문자 : 알파벳과 한자는 어떻게 등장했을까 … 196
- 왜 우리는 정화는 모르고 콜럼버스만 알고 있을까? : 파도를 타고 세계를 누빈 동서양의 탐험가 … 202
- 라이벌 강대국의 계보, 고대에도 있었던 G2 : 세계 재패를 꿈꾸었던 한나라와 로마 제국 … 210
- 18세기 조선은 왜 혁명의 역사를 쓰지 못했나 : 왕의 도시로 남은 서울, 시민의 도시가 된 파리 … 216
- 임칙서가 보여 준 애국의 품격 : 아편전쟁, 서세동점의 문을 열다 … 222
- 더 나은 세상을 꿈꾸며 미래로 : 대동과 유토피아, 동서양의 이상사회 … 230

5부 문화와 문명의 오디세이

- 첨단 기술보다 위대한 발상의 전환 : 전차(戰車)를 이기는 등자(鐙子) … 238
- 인간은 세월을 두려워하고 세월은 피라미드를 두려워한다 : 중국과 이집트의 어제와 오늘 … 244
- 인류 문명의 땀방울은 지하수로 흐른다 : 이란의 카나트와 중국의 칸얼징 … 250
- 쓰러지지 않는 대국굴기의 열망 : 미국의 서부개척과 중국의 일대일로 … 256
- 커피 한 잔으로 뒤바뀐 세계의 역사 : 명예혁명과 프랑스혁명의 숨겨진 주역 … 262
- 유럽 여행에서 이스탄불을 맨 마지막에 가야 할 이유 : 인류 문명의 각축장에서 거대한 박물관으로 … 268
- 세상 모든 이야기의 기원을 찾아서 : 그리스 신화만큼 재미난 북유럽 신화 … 274
- 비틀스 신화의 서막을 열다 : 어느 날 툭 터진 대중문화의 물결 … 280
- 흑사병부터 코로나까지, 바이러스와의 전쟁 : 제1차 세계 대전과 에스파냐독감, 전쟁보다 무서운 바이러스 … 288

1부
언어와 도구의
오디세이

인류의 역사는 언어에 의해 규정되고 도구의
사용만큼 진화해 왔다.
제국주의의 그늘이 드리운 일상의 언어부터,
시대의 흐름에 맞춰 변해 온 지명의 역사,
도구와 함께 확장된 문명의 발전까지,
밀려나고 앞서가기를 반복하며 발전해 온
언어와 도구의 역사를 면밀히 들여다보자.

숫자를 쓸 때
왜 세 자리마다 쉼표를 찍을까?
읽을 땐 네 자리, 쓸 땐 세 자리

×

아래에 보이는 숫자를 한번 읽어 보자.

1,415,046,000

어디서 끊어 읽을지 고민이 된다. 그렇다면
이렇게 표시하면 어떨까?

14,1504,6000

한결 편해진 느낌이다. 쉼표대로 끊어서
14억 1504만 6000이라고 읽으면 되니까.
그러고 보면 우리말은 큰 수를 네 자리마다
끊어 읽는데 왜 쉼표를 찍을 땐 헷갈리게 세
자리마다 찍는 걸까?

000,000,000,

세 자리 끊어 읽기와
네 자리 끊어 읽기

앞서 나온 숫자는 통계청이 발표한 2018년 중국 인구 수이다. 1,415,046,000. 영어로는 1billion, 415million, 46thousand, 이렇게 쉼표대로 끊어 읽는다. thousand는 10의 세제곱, million은 여섯 제곱, billion은 아홉 제곱, trillion은 열두 제곱…. 영어에서는 10의 세제곱 단위로 숫자를 읽는다. 우리가 만은 10의 네제곱, 억은 여덟 제곱, 조는 열두 제곱… 이렇게 10의 네 제곱 단위로 수를 읽는 것과는 차이가 있다.

실제로 구한말 이래 해방 전후까지 교과서에서는 네 자리마다 쉼표를 찍어 큰 수를 표시했다. 그러다 미군이 들어오고 서양이 주도하는 세계 경제와 교류하기 시작하며 영어로 수를 읽는 방식에 맞춰 세 자리마다 쉼표를 찍게 되었다.

세 자리마다
끊어 읽기의 유래

천을 기본 단위로 숫자를 센 것은 서양 문명의 기초를 이룬 로마 제국에서도 마찬가지였다. 로마에서는 천을 mille라 하고 그 머리글자를 따 M이라고 표기했다. 만을 나타낼 때는 숫자 위에 가로로 작대기를 그어 10의 천배라는 뜻을 표시했다.

유럽에서 아라비아 숫자가 도입된 것은 피보나치수열로 유명한 레오나르도 피보나치가 1202년에 쓴 『주판의 서』라는 책에서였다. 아라비아 숫자를 쓰면서 이전에 비해 편리해지긴 했지만 문제는 큰 수를 읽는 방법이었다. 천보다 큰 수를 가리키는 말이 없었기 때문에, 처음에는 천의 제곱수만큼 '천'을 반복해 읽었다. 가령 백만은 천의 제곱이니까 '천천', 십억은 천의 세제곱이므로 '천천천' 하는 식이었다. 오늘날 쓰이는 billion, trillion 같은 말이 만들어진 것은 14세기 이후의 일이었다. 17세기 후반 프랑스를 거쳐 세 자리 단위로 수를 표시하는 방식이 정착되었고, 그것이 미국으로 건너가 오늘날 세계를 주도하는 끊어읽기 방식이 되었다.

네 자리마다
끊어 읽기의 유래

우리는 언제부터 만 단위, 그러니까 10의 네제곱 단위로 수를 끊어 읽었을까? 서기 2세기 무렵, 한나라 수학자 서악이 쓴 『수술기유(數術記遺)』라는 책에서 '만, 억, 조, 경'이 처음 등장했을 때는 지금보다 더 큰 단위를 가리켰다. 억까지는 지금과 마찬가지로 만의 만 배였지만, 억 다음의 조는 억의 만 배가 아니라 억배였고, 경은 조의 억 배였다.

우리나라도 중국과 거의 비슷한 시기에 이 같은 말들을 사용해 수를 셌다. 삼국시대에 들어온 『구장산술(九章算術)』이라는 수학책에는 앞서 말한 숫자 단위들과 세는 법이 모두 기록되어 있다. 세종 때 수학교재로 널리 쓰이던 『산학계몽(算學啓蒙)』에는 불가사의(不可思議), 무량대수(無量大數)처럼 불교에서 유래한 엄청나게 큰 수도 등장했다.

억 다음의 조, 경, 해 등의 단위도 지금처럼 10의 네제곱 단위로 세기 시작한 것은 18세기 청나라 강희제 때였다. 우리는 구한말부터 그 방식을 받아들여 네 자리마다 쉼표를 찍어 수를 표기했지만, 근대 서구 문명이 밀려 들어오면서 지금처럼 세 자리마다 쉼표를 찍는 방식이 표준화되었다.

● 오디세이 프리즘

사실 숫자를 표기하는 세계 공통의 표준법은 따로 있다. 국제적인 단위와 표준을 논의하는 국제도량형총회(CGPM)는 2003년에 세 자리마다 빈 칸을 두도록 합의한 바 있다. 세 자리마다 끊어 읽는 서구 중심의 방식은 그대로지만 말이다. 세계와 교류하면서 성장해 온 우리나라 경제를 생각하면 이 정도 불편함은 감수할 수도 있지만 최소한 우리에게도 전통적인 숫자 문화가 있다는 사실을 기억해야겠다.

우왕좌왕 엇갈린 근현대사의 비극

통행 규칙은 왜
세 번이나 바뀌었을까?

×

일본에서 운전을 해본 사람이라면 처음에
적잖이 당황한 기억이 있을 것이다. 일본은
우리와 달리 운전석이 오른쪽에 있고
도로에서 좌측통행을 하기 때문이다. 반면
미국은 우리와 통행 방식이 같다. 그런데 사실
우리나라에서 차와 사람이 항상 지금처럼
우측통행을 했던 것은 아니다. 우여곡절이
많았던 근현대사를 따라 통행 방식도
'우왕좌왕'했는데. 무심코 지나치기 쉬운 통행
방식에도 우리와 세계 사이의 엇갈린 만남의
역사가 깃들어 있다.

지하철 1호선이
왼쪽으로 달리는 이유

우리나라가 지금처럼 사람과 차가 모두 오른쪽으로 다니게 된 것은 그리 오래된 일이 아니다. 우리는 얼마 전까지만 해도 차는 오른쪽, 사람은 왼쪽으로 다니는 '우왕좌왕' 통행 방식을 따랐다. 미국과 같이 사람도 오른쪽으로 다니는 통행 방식을 택한 것은 2010년 7월 1일의 일이었다.

이 같은 우측통행 방식은 선로를 달리는 도시철도도 원칙적으로 마찬가지인데, 늘 그런 것은 아니다. 주의 깊게 본 사람들은 알겠지만 서울 지하철 1호선은 좌측으로 달린다. 그래서 1호선을 타고 가다가 다른 호선으로 갈아타면 잠시 혼란이 올 때도 있다. 이런 일이 생기는 이유는, 1호선과 연결된 옛 국철을 좌측통행 방식에 따라 건설했기 때문이다. 국철과 연결돼 좌측통행을 하는 도시철도는 1호선 말고도 분당선, 인천공항철도 등이 있다.

국철을 좌측통행에 맞춰 설계한 이유는 국철에 속한 경인선, 경부선 등이 우리나라 초창기에 건설된 철도 노선이기 때문이다. 초창기 철도 건설을 주도한 일본의 영향을 받아 이후에 건설된 국철도 그에 맞추어 좌측통행을 하게 되었다. 아직도 그 방식을 고수하는 건 통행 방식을 바꾸려면 신호 체계를 포함해 바꿔야 하는 것이 한두 가지가 아니기 때문이 아닐까?

통행 규칙에 얽힌
근현대사의 비극

자동차가 없던 시절 우리나라는 전통적으로 우측보행을 하는 나라였다. 조선시대의 종묘 제례도 우측보행이고, 조선왕조의 궤에 나오는 행렬도를 봐도 모두 오른쪽으로 걷고 있다. 1903년 우리나라 최초의 자동차인 황제전용어차가 들어왔다. 이에 따라 대한제국은 '가로관리규칙'을 공포하고 '보행자와 차·마의 우측 규정'을 실시했다. 우측보행의 전통에 따라 차도 오른쪽으로 다니게 했던 것이다.

그러나 1910년부터 우리를 식민통치하기 시작한 일본은 좌측통행의 나라였다. 앞서 본 것처럼 일본은 식민통치 이전에도, 이미 한반도에 철도를 건실하면서 좌측통행을 채택하도록 한 바 있었다. 1921년 12월 1일, 이번에는 보행자나 자동차 모두 왼쪽으로 다니게끔 도로의 통행 규칙도 바꿨다.

그 뒤로 20여 년이 흘러 해방이 찾아왔다. 그러나 해방이 되었다고 바로 독립을 한 것은 아니고, 한동안 미군이 들어와 군정을 실시했다. 미국은 우측통행을 하는 나라였다. 미국은 워낙 자동차의 나라였던 데다가 군정을 실시하려면 지프를 포함한 많은 군용차가 다녀야 했다. 그래서 미군정은 1946년 4월 1일 일제 치하에서 시행되었던 통행 규칙을 우측통행으로 돌려놓았다. 차량 통행 규칙만 바꾼 탓에 자동차만 오른쪽으로 다니고 사람은 여전히 왼쪽으로 다니게 되었는데, 사람들 사이에서는 이를 빗대어 '우왕좌왕' 규칙이라는 말이 돌기도 했다.

좌측통행과 우측통행의 기원

미국과 일본의 통행 방식은 왜 이렇게 반대가 된 걸까? 미국은 유럽 대륙의 영향을 받았고, 일본은 같은 섬나라인 영국의 영향을 받았다고 한다. 영국식 좌측통행의 유래에 대해서는 참으로 많은 설이 있는데, 그중에서도 널리 알려진 것은 옛날의 마차 통행에서 유래했다는 설이다. 영국의 마차를 보면 두세 마리의 말을 마부 한 사람이 몰고, 마부 옆에는 다른 사람이 앉을 자리가 있다. 그런데 마부는 보통 오른손으로 채찍을 휘두르니까 오른쪽에 앉아야 옆 사람을 치는 일이 없을 것이다. 길에서도 마차가 왼쪽으로 통행해야 오른손으로 휘두르는 채찍이 보행자를 위협하는 일을 피할 수 있다. 이 같은 좌측통행 방식은 대영제국이 세계로 뻗어나감에 따라 그 영향을 받는 나라들에도 보급되었다.

유럽 대륙의 우측통행 방식은 나폴레옹에게서 유래했다는 설이 있다. 영국 기병들이 오른손에 창을 들고 왼쪽으로 달리면서 오른쪽으로 오는 적을 상대하자, 나폴레옹은 이를 역이용해 오른쪽으로 달려가 영국군의 왼쪽을 공격하도록 했다고 한다. 이 것 말고도 우측통행의 유래에 대한 수많은 설이 있는데, 가장 설득력 있는 것은 독일에서 벤츠와 다임러가 자동차를 만들면 서 시작됐다는 설이다. 초기 자동차의 변속기는 여간 무거운 게 아니었기 때문에 오른손으로 조작할 수 있도록 운전석을 왼쪽 에 배치했고, 그에 따라 도로에서는 우측통행을 하게 되었다. 미 국도 그런 방식을 받아들였지만, 전통 관습을 좋아하는 영국 사 람들은 여전히 자동차 운전석을 마차에서처럼 오른쪽에 두고 좌측통행을 고집하고 있다.

◉ 오디세이 프리즘

철도의 사례에서 볼 수 있는 것처럼 통행 방식을 변경하는 건 무척 어렵다. 인도, 말레이시아, 홍콩 등 영국의 영향을 받은 지 역들이 지금도 여전히 좌측통행을 하는 이유도 거기에 있다. 중 국 본토와 홍콩을 오가는 차를 타 본 사람은 알겠지만, 두 지역 의 경계를 넘을 때 통행 방식이 바뀐다. 교통 당국은 복잡한 입 체 교차로를 두고 이를 관리하는데, 운전자들은 정신을 바짝 차 리고 반대 방향의 도로에 진입해야 한다.

이처럼 바꾸기 어려운 통행 방식을 우리나라는 세 번이나 바꿨 다. 일본이 한 번, 미국이 한 번. 마지막으로 우리가 한 번. 이렇게 대한제국 때의 방식으로 원상 복귀한 것이다. 결국 하지 않아도 될 통행 방식 변경을 남의 필요에 따라 두 번씩이나 한 셈이다. 그것도 엄청난 사회적 비용을 들여서 말이다. 좌측통행, 우측통해… 말로만 하면 별일 아닌 듯하지만 그와 연관된 모든 시스템이 달라지는 큰일이다. 사소한 제도만 살펴보더라도 국민 스스로의 판단으로 나라를 이끌어 가는 게 얼마나 중요한 일인지 새삼 깨닫게 된다.

목놓아 외치는 만세의 기쁨

삼월의 하늘에 울려 퍼진
'대한독립만세'

×

우리나라는 삼일절로 봄의 시작을 연다.
그래서 해마다 이맘때가 되면 일제 치하의
얼어붙은 마음을 깨뜨리던 '대한독립만세!'의
함성이 떠오르곤 한다. 아직까지도 만세는
어떤 사람이나 단체, 상황 따위를 축하하면서
그 상태가 오래도록 이어지기를 축원하는
말로 쓰인다. 그런데 우리 역사에는 만세라는
구호를 외칠 수 없는 시대도 있었다. 그 시절엔
기껏해야 '천세!'라고 외칠 수밖에 없었다는데,
만세와 천세에 어떤 이야기가 얽혀 있는 걸까?

하늘을 기리던 최초의 만세

만세는 고대 중국에서 하늘을 가리키는 별칭으로 처음 쓰이기 시작했다. 군대가 싸움에서 승리하고 돌아오면 병사들은 팔을 뻗어 하늘을 가리키며 소리 높여 만세를 외쳤다. '만세(萬歲)'는 만 년이란 뜻이니까 그야말로 영원토록 복을 누리기 바란다는 뜻이다. 전쟁터에서 살아남은 병사들에게 만세는 영생불멸이며 만능의 존재인 하늘이 지켜 준 덕분에 싸움을 승리로 이끌 수 있었다는 감사의 표시였다.

만세가 언제부터 제왕을 위한 구호가 되었는지는 설이 분분한데, 한나라까지만 해도 일반 관리들도 만세라는 칭호를 쓸 수 있었다. 중국 역사상 가장 강력한 왕조 중 하나인 당나라 때까지도 황제가 아닌 신하들이 만세라는 말을 쓴 기록이 남아 있다. 당나라의 영향을 받은 신라에서도 종종 만세라는 칭호가 쓰였고, 고려 때는 아예 이름이 만세인 신하도 있었다.

만세 대신 천세를
써야 했던 조선의 설움

중국에서 만세를 황제한테만 쓸 수 있게 된 것은 10세기에 건국된 송나라 때부터였다. 당나라까지만 해도 황제는 귀족들과 권력을 나눠 가졌지만, 송나라 때 황제의 독재 권력을 강화하며 만세는 황제만을 위한 말이 되었다. 당시 조눌이라는 사람이 만취해 주변 사람들에게 자기를 향해 만세를 부르게 했다가 고발을 당해 곤장을 맞았는데, 어찌나 많이 맞았는지 그만 숨이 끊어졌다고 한다.

황제가 만세를 독점하는 관행은 명나라에서도 이어졌다. 명나라 때 위충현이라는 권세 높은 환관이 있었는데, 그는 희종의 총애를 받으면서 무소불위의 권력을 휘둘렀다. 희종이 정사를 돌보지 않는 동안 위충현은 황제를 능가하는 권력을 가졌지만, 그런 위충현조차 감히 만세를 쓰지 못했다. 신하들 또한 위충현 앞에서 만세보다 조금 낮춰 구천세라고 외쳤다고 한다.

조선의 왕은 명나라 황제를 천자로 모시는 제후 노릇을 했기에, 당연히 만세라는 말을 쓰지 못했다. 조선의 신하들은 '만세'보다 한참 낮은 '천세'로 왕에게 경축을 표했다. 조선의 왕이 명나라 환관보다도 팔천 세나 낮았던 셈이다.

다시 찾은 만세

조선 왕조 오백 년 동안 잃어버렸던 만세는 1897년 조선의 제26대 국왕인 고종이 대한제국을 선포하고 황제 자리에 올랐을 때에야 되찾을 수 있었다. 고종이 지금의 서울 소공동에 있던 환구단에서 하늘에 제사를 올리자 신하들은 일제히 "황제 폐하

만세!"를 외쳤다. 안타깝게도 고종은 네덜란드 헤이그에서 열린 만국평화회의에 특사를 파견해 을사조약이 무효라고 주장했다는 이유로 일제에 의해 황제 자리에서 쫓겨났다.

망국의 설움을 안고 세상을 떠난 고종의 장례식을 계기로 3·1운동이 일어났다. 기미년 삼월의 하늘에 울려 퍼진 '대한독립만세'는 황제가 독점하던 만세를 전 국민의 것으로 바꿔 놓았다. 아마도 그날 우리가 되찾은 것은 비단 '만세'라는 단어뿐만은 아니었을 것이다.

● 오디세이 프리즘

황제와 왕을 차별하는 말은 만세와 천세만이 아니었다. 신하들은 황제는 '폐하(陛下)', 왕은 '전하(殿下)'라고 불렀다. 스스로를 칭할 때도 황제는 자신을 '짐(朕)'이라고 불렀고 왕은 겸손하게 '과인(寡人)'이라고 해야 했다. 자식의 지위도 황제의 후계자는 '태자(太子)', 왕의 후계자는 '세자(世子)'라고 했다. 심지어는 죽음에도 차별을 두었는데, 황제가 죽으면 '붕(崩)'이라고 했지만 왕을 비롯한 제후가 죽을 때는 '훙(薨)'이라고 표현해야 했다. 사극이나 역사 소설을 보며 무심코 넘겼던 말을 들여다보면 무엇 하나 그냥 만들어진 게 없다는 것을 실감하게 된다.

한 글자 차이로 뒤집어진 세상

일제에 망한 대한제국,
새로 세운 대한민국

×

2019년은 3·1운동 100주년이자
대한민국 임시정부 수립 100주년이었다.
온 겨레가 대한독립만세를 외친 3·1 운동이
전국으로 퍼져 갈 때, 독립운동의 지도자들은
중국 상하이에 모여 대한민국 임시정부를
세웠다.
일제에 망한 나라는 대한'제'국이었지만
일제를 몰아내고 새로 세울 나라는
대한'민'국이었다. 글자 하나 달라진 것
뿐이지만 여기에는 엄청난 역사적 차이와
의미가 담겨 있다.

조선에서 대한까지
자주 국가를 향한 열망

잘 알려진 것처럼 기원전 2333년에 단군왕검이 나라를 세우고 붙인 이름인 '조선'은 우리나라 최초의 국호였다. 1392년 왕조를 개창한 이성계는 단군왕검의 나라를 계승한다는 뜻에서 조선을 국호로 삼았다.

500년을 이어 가던 조선은 1897년에 이르러 대한제국으로 이름을 바꾸게 된다. 그때까지 조선 국왕은 중국 황제의 책봉을 받는 제후 신분이었는데, 고종은 스스로 황제 자리에 올라 왕국을 제국으로 바꾼 뒤, 나라 고유의 칭호도 대한으로 고쳤다. 조선이 중국에 사대를 하던 왕조의 이름이라서 계속 쓰기가 거북하다는 이유였다. 먼 옛날부터 삼한은 조선과 더불어 우리 민족을 부르는 대명사로 쓰이곤 했는데, 대한이란 이름에는 그 삼한을 하나로 합친 큰 나라라는 뜻이 담겨 있다.

1910년 대한제국을 멸망시킨 일제는 자신들의 식민지가 된 한반도를 다시 '조선'이라고 불렀다. '조선인'을 뜻하는 일본어 '조센징'도 식민지 백성을 부르는 모욕적인 호칭이 되었다. 이로써 대한이라는 단어에는 두 가지 의미가 담기게 되었다. 중국에 대한 사대를 거부한다는 첫 번째 뜻과 일제 침략에 저항한다는 두 번째 뜻이었다.

나라의 주권을
황제에서 국민으로

일제에 의해 대한제국을 빼앗기고 식민지 조선이 되었으니, 독립운동의 목표는 대한제국을 되찾는 것이었을까? 처음에는 쫓겨난 군주를 다시 모시겠다는 생각을 가진 독립운동가도 있었다. 그러나 독립운동의 큰 흐름은 점차 군주국이 아닌 공화국을 세우는 쪽으로 정리되어 갔다. 1917년 상하이에서 발표된 「대동단결선언」이 그런 흐름을 잘 보여 준다.

「대동단결선언」은 박은식, 신채호, 박용만 등 민족 지도자들이 모여서 독립운동을 통합 지도할 임시정부를 만들자고 호소한 선언문이다. 여기서 지도자들은 순종, 곧 융희 황제가 주권을 포기했다고 해서 그 주권이 외국의 강도들에게 가서는 안 된다고 주장했다. 이들은 황제가 포기한 주권은 자동적으로 백성을 대표하는 우리 동지들에게 온다고 선언하고, 경술국치가 일어난 1910년 8월 29일이 구한국 최후의 날인 동시에 우리 국민들이 주권을 이어받은 신한국 최초의 날이라고 밝혔다.

민주 정부의 첫발을 내디뎠다고 평가되는 「대동단결선언」은 1년 반 뒤 임시정부를 수립하는 근거가 되었다. 이것이야말로 한반도의 주인은 일제가 아닌 우리 국민이며, 일제를 몰아내고 국민 모두가 통치하는 새 나라를 세우겠다는 주권재민의 선언이었다.

대한민국,
새 나라에 새 국호를

1919년 3월 1일 탑골공원에서 시작된 대한독립만세의 함성이 전국으로 퍼져 나갔다. 이 함성은 당시 이천만 겨레가 원하는 것이 무엇인지 정확히 알려 주었다. 우리는 결코 일제의 지배를 원치 않으며, 이 땅의 주인은 다른 누구도 아닌 이 나라의 평범한 국민들이라고 말이다.

만세운동의 열풍이 나라 안팎을 뒤흔들고 있던 그해 4월 10일 밤, 만주, 시베리아, 미국, 일본 등지에서 활동하던 독립운동가 29명이 상하이에 모였다. 그들은 「대동단결선언」에서 호소한 임시정부를 구성하기 위해 밤새도록 열띤 토론을 벌였다. 의제 가운데는 당연히 새 나라 이름을 무엇으로 할 것인가도 있었다. 신석우가 나라 이름을 대한민국으로 하자는 제안을 내놓고, 이영근이 재청했다. 이를 둘러싸고 치열한 논쟁이 전개되었다. 특히 여운형은 '대한제국'이라는 국호를 쓰다가 망했는데, 일본에 합병된 나라의 국호를 쓸 수는 없다며 국호를 대한이라고 하는 데 반대했다.

일부 반대 인사의 의견에도 불구하고 결국 '대한민국'이 가장 많은 표를 받았다. '대한'은 일본에게 빼앗긴 이름이니 다시 찾아 독립의 의의를 살리고, '민국'은 중국이 혁명 후에 혁신적인 뜻으로 쓰고 있으니 우리도 쓰자는 의견들이었다.

글자 하나 바꿨을 뿐인데

이렇게 해서 일제강점기에 독립운동을 지도할 임시정부의 국호는 대한민국으로 결정되었다. '제'에서 '민'으로, 글자 하나가 바뀌었을 뿐이라고 하지만, 그 변화는 결코 작지 않았다.

대한민국 임시정부가 추구하는 독립 국가는 단지 일제를 몰아내고 예전에 있던 나라를 되찾는 데 머무르지 않았다. 왕 한 사람이 주권자 노릇을 하던 군주국에서 모든 국민이 주권을 행사하는 공화국을 만들어야 했다. 그러니까 일제를 몰아내기 위해 싸우는 목적도 단지 잃어버린 나라를 되찾는 데 그치지 않았다. 일제가 아니었으면 벌써 우리 스스로 새로운 나라를 세웠을 텐데, 일제가 그것을 방해하니 이를 타도한다는 적극적 의미가 있었던 것이다.

◑ 오디세이 프리즘

대한민국의 영어 이름은 Republic of Korea이다. 'Republic'은 공화국을 뜻하는 단어인데, '민국'이란 명칭에는 사실 그 이상의 의미가 담겨 있다. 본래 공화국은 한 사람이 아닌 여러 사람이 다스리는 나라라는 뜻으로, 귀족 여러 명이 다스려도 공화국이라고 할 수 있다. 그러나 민국은 그냥 공화국이 아니라 평범한 국민 모두가 주권자인 민주주의 공화국이다. 그래서 헌법

제1조는 이렇게 말한다. "대한민국은 민주공화국이다."

우리가 '민주공화국'이란 국호를 갖게 된 것이 100년 전의 일이다. 그 100년 동안 한국인은 그 이름에 걸맞은 나라를 세우고 만들기 위해 피와 땀을 흘려 왔다. 지금 우리는 그런 나라에 어울리는 주인으로 살고 있을까? 평소에는 무심히 살다가도 해외에서 Republic of Korea라는 국적을 쓸 일이 생길 때면 새삼한 나라의 국민으로 살아가는 의미를 되새기게 된다.

바리공주가 약 구하러 떠난 서천서역은 어디일까?
서역에서 서양까지, 기나긴 지명의 역사

×

오늘날 우리는 아랍과 이란, 터키 등이 있는
지역을 '중동(中東)'이라고 부른다. 조금만
생각해 보면, 가운데 동쪽이라는 뜻인 중동은
매우 이상한 이름이다. 유럽 사람들이
부르는 이름을 그대로 따라 부르다 보니,
우리가 볼 땐 서쪽에 있는 지역을 중동이라
부르게 된 것이다. 우리 조상들은 이 지역을
'서역(西域)'이라고 불렀다.
 동서양이 과거에 서로를 가리키던
지역 이름이 어떤 역사적 배경에서 나왔는지,
그리고 거기에 어떤 오해와 편견이 깃들어
있는지 살펴보도록 하자.

이승의 끝자락에서
문명의 다리가 된 서역

'서역'은 먼 옛날 한국과 중국이 서쪽에 있는 나라들을 부르던 말이었다. 우리나라의 오랜 무속 설화인 「바리공주」를 보면 바리공주가 부모님의 병을 고치기 위해 죽은 혼령만 갈 수 있는 서천서역으로 여행을 떠난다. 많은 독자들의 사랑을 받은 황석영 작가의 소설 『바리데기』의 탈북소녀 '바리'도 바리공주 설화를 차용한 인물이다. 중국에서도 1세기 무렵 후한 시대에 기록된 『한서(漢書)』에 이미 자기 나라의 서쪽을 가리켜 서역이라고 불렀다는 기록이 나온다.

처음에 서역이라는 말이 가리키는 범위는 오늘날의 중앙아시아, 그러니까 오늘날 중국의 신장웨이우얼자치구와 그 서쪽의 우즈베키스탄, 카자흐스탄 등 이른바 이름에 '스탄'이 붙은 나라들까지였다. 그러다가 서쪽 지역과의 교류가 확대되고 지리에 대한 인식이 넓어지면서 인도, 서아시아, 북아프리카, 더 나아가 유럽과 아프리카까지, 한마디로 중국 서쪽은 모두 다 서역이라고 부르게 되었다.

낯설고 먼 서역에 대한 이미지는 좋지 않았다. 「바리공주」에서 서역은 죽은 사람이 가는 황폐한 곳으로 묘사된다. 신라시대의 승려 혜초가 기록한 『왕오천축국전』에도 서역은 사막과 얼음 절벽이 가득한 위험천만한 곳으로 여겨진다. 서역에 대한 인식이 달라진 건 서역을 관통하는 교류의 길, 실크로드가 개척되고, 서역에 페르시아, 로마 같은 문명국가가 있다는 사실이 알려지면서부터였다.

무역풍을 타고
서역에서 서양으로

중국인들의 항해술과 세계 지리에 대한 지식이 발전한 송나라 때부터 서역은 서양(西洋)이라는 말로 불리기 시작했다. 당시 중국인들은 남중국해로 갈 때 무역풍을 이용했는데, 이 바람의 방향은 동쪽이나 서쪽으로 치우치지만, 당시 그 사실을 몰랐던 중국인들은 겨울에는 정북풍, 여름에는 정남풍이 분다고 믿었다. 광저우와 수마트라섬을 잇는 선의 동쪽을 동남해, 서쪽을 서남해라고 부른 것도 중국의 광저우를 무역풍의 기점으로, 인도네시아의 수마트라섬 동부를 무역풍의 종점으로 생각했기 때문이었다. 그러다 원나라 때 동남해와 서남해를 각각 동양과 서양으로 부르게 되었다. 그래서 명나라 영락제 시기 탐험가 정화가 타고 갔던 배의 이름이 '서양취보선(西洋取寶船)', 즉 서양으로 보물을 모으러 가는 배였던 것이다.

한편, 명나라 때 중국으로 건너간 기독교 선교사들은 세계 지도에서 인도양을 '소서양', 유럽 서쪽의 바다를 '대서양'이라고 불렀고, 자신들을 대서양 일대의 나라에서 온 '대서양인'이라고 소개했다. 이때부터 서양은 유럽을 가리키는 말이 되었고, 서양 끝에 있는 큰 바다는 대서양, 즉 큰 서양으로 불리게 되었다. 나중에는 아예 양복, 양식, 양품처럼 '서'자를 빼고 '양'이라고만 해도 서양을 가리키는 말이 되었다. 그러니까 동양과 서양은 본래는 바다를 가리키는 말이었는데, 나중에는 그 바다가 끼고 있는 육지 전체를 가리키게 되었던 것이다.

오리엔트
해가 떠오르는 문명의 발상지

고대 그리스나 로마 사람들은 동쪽 지역을 '오리엔트(orient)'라고 불렀다. 오리엔트는 라틴어로 '해돋이', '해가 뜨는 방향'을 뜻하는 '오리엔스(oriens)'에서 온 말이다. 이집트의 나일강 유역부터 인도의 인더스강 유역까지 펼쳐진 곳을 가리키는 말이었던 오리엔트는 동서교류가 확대되면서 중국과 우리나라를 포함한 아시아 전체를 가리키는 말이 되었다.

고대 그리스 신화와 사상은 오리엔트의 영향을 강하게 받았다. 오리엔트라고 불린 지역에는 이집트, 메소포타미아, 인도, 중국 등 고대 문명의 발상지들이 다 들어 있다. 그래서인지 처음에 오리엔트는 서양 사람들이 동경해 마지않는 이상적인 공간으로 인식되었다. 그리스 사람들은 오리엔트를 그리스 문명의 젖줄로 생각했고, 로마 사람들은 그러한 그리스 문명을 자신들의 어머니로 여겼다.

동쪽 지역을 뭉뚱그려 오리엔트라고 부르던 유럽 사람들은 19세기에 들어 이 지역을 몇 조각으로 나눠 부르기 시작했다. 유럽에 가까운 쪽을 근동, 먼 쪽을 극동, 그 사이를 중동이라고 하는 식이었다. 오늘날 우리가 중동이라고 부르는 지역은 본래 근동, 즉 Near East였고, 인도 쪽이 중동이었다. 그러다가 제2차 세계 대전이 끝나고 아랍 일대의 전략적 중요성이 커지면서 중동과 근동을 합쳐 중근동, 줄여서 중동이라고 부르게 되었다.

● 오디세이 프리즘

우리가 서아시아와 북아프리카 지역을 중동이라고 부르는 것은 유럽 사람들이 씌워 준 색안경으로 세상을 보는 것과 같다. 이제 중동이라는 말은 워낙 보편적으로 쓰는 말이 되어 우리뿐 아니라 중국, 일본 사람들도 그 지역을 중동이라 부르고 있다. 중동으로 불리는 지역이 북아프리카와 서남아시아에 걸쳐 있는 탓에 중동 대신 다른 말로 바꿔 부르기도 쉽지 않지만, 중동이란 말의 역사적 배경만큼은 분명히 알고 있어야 하겠다.

우리는 오랫동안 '동국(東國)', '동방예의지국' 등 우리 자신을 동쪽에 있는 나라로 부르는 데 익숙해져 있었다. 중국이 자기네 동쪽에 있는 우리나라를 부르던 말을 그대로 받아들여 내면화했기 때문이다. 근래에는 '극동'이라는 말로 우리나라를 포함한 동아시아 지역을 아우르곤 하는데, 이는 서아시아를 근동이라고 부르던 유럽인의 시각을 그대로 받아들인 칭호이다. 우리 자신을 바라볼 때조차 서구 중심의 색안경을 써 온 것이다. 개인이든 국가든 자신의 눈으로 세상을 바라볼 줄 알아야 한다는 점에서 '중동'은 우리와 관계없는 먼 나라 이야기가 아닌 셈이다.

이름에 걸린 마지막 자존심

태종 무열왕 김춘추와
태종 이세민

×

한국과 중국의 역사에는 유난히
태종(太宗)이라는 이름을 가진 군주가
눈에 띈다. 왕조를 세운 시조에게는 통상
태조(太祖)라는 묘호(廟號)를 바치고, 왕조를
반석 위에 올려놓은 군주에게는 태종이라는
묘호를 바치곤 했다. 삼국통일의 기반을 닦은
신라의 김춘추도 태종 무열왕으로 불렸다.
그런가 하면, 중국 역사상 가장 위대한 황제로
꼽히는 당나라 이세민의 묘호도 태종이다.
이 두 사람의 태종은 동시대를 풍미했던
영웅인데 훗날 같은 묘호 때문에 신라와
당나라 사이에 한바탕 풍파가 일어났다.

당태종과 김춘추의 만남

김춘추는 왕이 되기 전 신라의 외교를 책임지던 귀족이었다. 신라가 백제의 연이은 침략으로 무척 힘들어하고 있을 당시, 김춘추는 백제를 견제하는 동맹을 맺기 위해 고구려를 방문했지만, 연개소문은 동맹은커녕 신라가 빼앗은 고구려 영토를 내놓으라며 김춘추를 가둬 버렸다. 이때 김춘추가 겨우 목숨만 부지한 채 탈출한 이야기는 이미 널리 알려져 있다.

신라에게 남은 희망은 바다 건너 중국을 다시 통일한 당나라의 도움을 받는 것이었다. 김춘추는 당태종 이세민을 만나 동맹을 제안하면서 관복과 관제(官制) 등 당나라의 문물을 받아들이겠다고 했다. 이세민은 신라를 지렛대 삼아 삼국 진출을 도모할 생각으로 김춘추의 제안을 받아들였다. 이때 동맹을 맺은 신라와 당나라는 훗날 백제와 고구려를 차례로 무너뜨렸다.

중국식 묘호를 도입하다

김춘추가 당나라의 문물을 받아들이면서 신라의 정치 사회는 빠르게 중국화되었다. 그 가운데 하나가 종묘의 도입이었다. 종묘는 왕실 조상들의 위패를 모시는 사당으로, 태묘라고도 불린다. 그 전에도 선왕을 추모하는 공간이 없지는 않았지만, 신라가 본격적으로 중국식 종묘를 도입한 것은 그 무렵부터였다.

서라벌에 처음 종묘를 설치한 것이 언제인지는 정확하지 않다. 김춘추는 진덕여왕의 뒤를 이어 왕위에 오른 뒤 직계 후손들에게 왕위를 물려주었는데, 그의 손자인 신문왕 때에는 종묘가 있었다는 사실을 확인할 수 있다. 일반적으로 황제국의 종묘는 칠묘나 구묘인 반면 제후국의 종묘는 시조와 네 명의 선대왕의 위패를 모시는 오묘로 구성된다. 신라는 당나라의 제후국을 자임했기 때문에 오묘제로 종묘를 운영했다.

종묘에서 선왕의 위패에 적는 이름을 묘호라고 한다. 김춘추는 우리나라 역사상 처음으로 묘호를 받은 임금이었다. 신라의 다른 왕들은 '문무왕'처럼 그냥 '~왕'이라는 시호만 받았는데, 김춘추만 중국 황제들처럼 '무열왕'에 '태종'이라는 묘호를 더하여 '태종 무열왕'이라는 이름을 얻었다. 그것도 당나라 사람들이 숭배하는 이세민과 똑같은 묘호였다.

묘호를 둘러싼 힘겨루기

신문왕은 삼국통일을 완성한 아버지 문무왕의 대를 이어 통일신라의 정치적·사회적 통일을 이루어 나가고 있었다. 그러던 어느 날 당나라 황제 중종이 사신을 보냈다. 사신은 신문왕 앞에서 황제의 노여움이 담긴 칙서를 읽었다.

우리 태종 문황제께서 신공과 성덕이 천고에 뛰어나 그와 같은 묘호를 바쳤는데, 너희 선왕 김춘추에게도 참람되이 같은 칭호를 주었으니 급히 바꾸라!

신문왕은 군신과 회의를 한 뒤 이렇게 답했다.

선왕의 칭호가 우연히 성조(聖祖)의 묘호와 서로 범했다니 칙령을 어찌 감히 따르지 않겠습니까. 그러나 선왕께서도 자못 어진 덕을 갖추고 어진 신하 김유신을 얻어 한마음으로 다스리며 삼한을 일통했으니 공이 많지 않다 할 수 없습니다. 온 나라의 신민이 애모의 마음을 이기지 못해 바친 이름이 성조의 묘호에 저촉되는 줄 몰랐군요. 송구합니다. 바라건대 이대로 황제께 보고해 주십시오.

표현은 극진하지만 못 바꾸겠다는 말이이었다. 김유신은 고구려가 멸망한 뒤 신라마저 집어 삼키려고 쳐들어온 당나라 침략군을 물리친 명장이었고, 당나라에도 그 이름이 널리 알려져 있었다. 사신은 얼굴을 붉히며 돌아갔겠지만, 당나라는 그 후로 다시는 이 같은 요구를 하지 않았다.

밖으로는 왕, 안에서는 황제

고려와 조선의 국왕은 대개 중국 황제처럼 조(祖)나 종(宗)으로 끝나는 묘호를 받았지만 일부 그렇지 못한 왕도 있었다. 고려가 원나라의 간섭을 받던 시기에 충렬왕, 충선왕처럼 원나라가 내리는 충 자 돌림 시호만 받은 왕들도 있었고, 조선에서는 연산군, 광해군처럼 쫓겨난 왕들이 묘호를 받지 못했다.

고려와 조선은 중국 왕조의 제후국인 시기가 길었다. 왕들은 중국의 황제와 같은 묘호를 사용함으로써 왕권의 위력을 과시하고 싶었을 것이다. 대외적으로는 어쩔 수 없이 중국 황제의 신하라는 위상을 감수하더라도 말이다. 이처럼 안에서는 황제, 밖으로는 제후인 왕으로 행세하는 것을 가리켜 '외왕내제'라고 한다. 이 같은 이중성은 조선의 고종이 청나라를 향한 사대를 끊고 대한제국을 선포하며 스스로 황제라고 칭하던 날까지 이어졌다. 그렇게 자주적 황제국을 내세운 나라가 13년 만에 망해버린 것은 아쉬움이 남는다.

❶ 오디세이 프리즘

신라라고 하면 외세를 끌어들여 동족을 멸망시킨 나라로 기억하는 사람이 많다. 고구려가 삼국통일을 했어야 한다고 아쉬워하는 이들도 있다. 그렇지만 신라는 결국 한반도를 집어 삼키려던 당나라의 침략을 물리쳤고, 묘호에 대한 당나라 황제의 부당한 간섭을 뿌리쳤다. 불완전한 삼국통일에 대한 아쉬움은 있지만, 신라의 강경한 태도에서 우리 민족이 강대국 코앞에서도 독립을 지켜 온 저력을 읽을 수 있다. 문제는 오늘날을 사는 우리들이다. 사대 속에서 자주를 지킨 신문왕과 자주를 지향하다 망국에 이른 고종은 강대국이 벌이는 패권 다툼에 둘러싸인 오늘날의 우리에게 오래된 교훈을 던지고 있다.

이태원이 여행자 서비스 센터였다고?

고려의 원(院)과
고대 로마의 호스피탈

×

휴가철에 즐거운 여행을 떠났다가 난감한
상황에 부딪힐 때가 있다. 예약할 때부터
시간에 쫓기는가 하면, 휴가지에서는 불친절과
바가지 요금에 맞닥뜨리기도 한다.
관광, 숙박, 식음료 등을 제공하는 일을
환대산업이라고 하는데, 환대에 해당하는
영어 hospitality는 서양 역사에서 오랜
전통을 가지고 있다. 우리나라에선 어땠을까?
여행자에게 환대를 베풀던 동서양의 전통을
비교해 보면서, 스트레스에서 해방된 여행
문화를 꿈꿔 보자.

신성한 여행자를 위한
고대 로마의 hospitale

고대 그리스는 수많은 폴리스로 나뉜 하나의 세계였다. 폴리스 사이에는 숱한 분쟁이 발생했다. 오늘날 올림픽으로 발전한 올림피아드는 그러한 분쟁을 잠시 멈추고 평화를 기원하는 제전이었다. 올림피아드가 열리면서 선수들뿐 아니라 참배를 위해 제전을 찾는 여행자들이 생겨났다. 지금처럼 여행이 쉽지 않았던 고대에는 평화를 기원하기 위해 자비를 들여 먼 거리를 이동하는 여행자가 신성한 사람으로 여겨졌다. 여행자를 맞이한 주민들은 그런 신성한 여행자에게 잠잘 곳과 먹을 것을 제공하고, 병에 걸린 여행자에게는 정성 어린 의료 서비스를 베풀었다. 고대 그리스만이 아니라 고대 이집트에서도 신전을 순례하는 여행자는 환대를 받았다.

이처럼 신성한 여행자를 맞이하던 숙소를 고대 로마에서 이르던 말이 hospitale이다. 이 말의 어근인 hospes는 손님과 접대자를 함께 가리키는 말이다. 이방인이나 적을 뜻하는 hostis도 같은 뿌리를 갖고 있는데, 적대감을 뜻하는 영어 hostility가 바로 이 hostis에서 유래된 말이다. 그러고 보니 여행자와 적은 낯선 자라는 공통점이 있다. 내게 몸을 맡기러 온 낯선 이가 적국 출신이라 하더라도 환대하는 태도는 평화를 위한 길과도 맞닿아 있다.

나눔의 정신을 간직한
고려의 원(院)

숭례문(남대문) 밖의 이태원, 돈의문(서대문) 밖의 홍제원처럼 우리나라 곳곳에는 원(院)이라는 이름을 가진 유적이 적지 않다. 원은 본래 불교 사원에서 운영하는 여행자 서비스 센터였다. 기록에 남아 있는 최초의 원은 통일신라 때인 8세기, 경주의 대로원(大櫓院)까지 거슬러 올라간다.

고려 시대에 원은 특별한 기능을 가진 절이나 절의 부속건물이었다. 특별한 기능이란 여행자에게 숙식과 의료를 제공하는 건데, 그 기원은 불교와 밀접한 관련이 있다. 인도의 아소카 대왕이 불교의 가르침에 따라 여행자와 병자를 위한 시설을 만들었다는 이야기도 전해진다.

원은 주로 민가와 떨어진 교통의 요지에 자리 잡고 있었다. 여행자가 많이 다니지만 숙식과 안전에 문제가 있는 곳이었다. 원에는 법당을 비롯해 여행자와 반려동물에게 숙식을 제공하는 시설이 있었다. 지금의 충청남도 직산에 있었던 광록통화원(廣綠通化院)처럼 80간의 객사를 갖춘 대규모 원도 있었다. 다치거나 병든 여행자에게는 원에서 치료와 요양을 제공했는데, 개경의 동서대비원(東西大悲院)은 아예 숙식보다는 병들고 굶주린 백성을 보살피는 구휼의 역할을 도맡았다.

환대의 정신으로 이어진
hospital과 hotel

환대를 뜻하는 영어 단어 hospitality는 라틴어 hospitalitas에서 온 말이다. hospitalitas는 앞서 언급한 hospitale, 즉 순례자를 위한 고대 로마의 숙소를 뜻하는 단어에서 유래했다. 다시 말해 hospitality는 여행자를 정성껏, 그리고 인도적으로 환대하는 정신이라고 할 수 있다. 로마의 hospitale나 고려의 원은 단지 숙식만 제공하는 게 아니라 경우에 따라 인도적인 의료를 제공하기도 했으니, 동서양을 막론하고 '환대의 정신'은 이어져 있던 셈이다.

우리의 원처럼 종교 시설에서 여행자들에게 hospitality를 베푼 전형적인 사례는 중세 유럽의 hospice에서 찾아볼 수 있다. hospice는 아프거나 죽어가는 환자를 돌보는 수도원을 가리키는 말이었다. 여기서 시작된 흐름은 오늘날까지 이어져, 죽음이 임박한 환자들을 간호하는 시설 호스피스는 우리에게도 널리 알려진 개념이 되었다.

물론 현대에는 숙박시설과 병원을 서로 다른 성격을 가진 기관으로 인식하지만 앞에서 짐작할 수 있는 것처럼 이 시설들을 가리키는 hotel과 hospital은 뿌리가 같다. hospitale와 hospice처럼 여행자들에게 숙박이나 의료를 제공하던 hospitalitas의 전통은 호텔과 병원으로 다 같이 이어지고 있다.

인술을 강조한
조선 시대의 원(院)

고려 시대에 민가가 드문 교통 요지에서 숙식과 의료를 제공하던 원은 조선 시대에 전국적으로 늘어났다. 고려 말 왜구의 침입 등으로 조운 체계가 무너지자, 조정에서 육로와 내륙 수로를 개발하고 관용 시설인 관(館)을 세우면서 민간을 위한 원도 대대적으로 설치한 것이다. 15세기 성종 때 편찬된 『신증동국여지승람(新增東國輿地勝覽)』에 따르면 전국에 무려 1300여 개의 원이 있었다고 한다.

　조선 시대의 원은 종교적 색채는 옅어졌지만, 여행자에게 숙식과 의료를 제공한다는 점에서는 똑같았다. 특히 수안보의 온정원(溫井院), 동래의 온정원 같은 온천지의 원이 눈에 띄는데, 그만큼 원은 숙식 못지않게 치유와 휴양의 목적이 강조된 시설이었다. 오늘날 이름에 원을 쓰는 숙박시설은 찾아보기 어렵지만, 의료시설은 병원, 의원처럼 대부분 원을 쓰고 있다. 여기서 인술을 강조한 원의 전통을 확인할 수 있을지도 모르겠다.

◑ 오디세이 프리즘

조선 후기 들어 곳곳의 원이 폐쇄되자 그 주변에 사설 주막(酒幕)이 들어서 풍속을 해친다는 기록이 보이곤 한다. 유서 깊은 관광지나 휴양지에 행락 시설이 들어차 눈살을 찌푸리게 하는 요즘의 풍경과 비슷하다. 서양에서는 근대 들어 여행 서비스가 본격화되고 호텔과 병원이 분리되면서 환대산업이 전문화되었다. 그 덕분에 여행의 편의성이 증대된 것은 사실이지만, 그 부작용이랄까, 지나친 상술이 도리어 휴가를 망치는 일도 적지 않다. 모처럼의 휴식을 위해 방문한 관광지에서 도를 지나친 바가지와 상술을 접할 때마다 원과 hospitale에서 볼 수 있는 인도적 정신, 여행자를 신성시하는 hospitalitas를 모두가 공유하길 바라는 마음이 드는 건 어쩔 수 없다.

캐세이퍼시픽의 '캐세이'가
그런 뜻일 줄이야

거란과 요,
같은 나라 다른 이름

×

홍콩을 대표하는 항공사 캐세이퍼시픽
항공에서 '캐세이'는 한때 중국을 지배했던
'키타이'에서 파생된 말이다.
키타이를 우리식 한자음으로 읽으면 '거란'이
된다. 거란은 고려를 여러 차례 침략한
역사 때문에 우리에게도 낯익은 이름이다.
거란족이 중국을 정복하고 세운 나라는
키타이, 즉 거란이라고도 하고 '요(遼)'라고도
한다. 거란과 요라는 두 가지 이름에는 각각
다른 역사적 의미가 담겨 있다.

우리가 기억하는 거란

거란은 한자로 契丹이라고 쓴다. 우리 한자음에 따르면 '계단'이라고 읽는 게 맞겠지만 오랜 세월에 걸쳐 글단, 글안, 거란으로 변해 왔다. 이는 거란족이 스스로를 부르던 이름인 키탄, 키타이를 음차한 말이다. 지금은 사라진 거란족의 언어를 알 수 있는 건 거란이 문자가 없었던 흉노와 달리 자신들의 문자를 만들어 사용했고, 그것으로 기록을 남겼기 때문이다. 우리가 한글을 발명한 것보다 더 먼저였다. 남아 있는 거란어 기록에 비추어 볼 때, 앞에서 본 한자 단어 契丹은 현지 발음인 키탄을 당시 중국 사람들이 사용한 언어에 가장 가깝게 표기한 것이라고 할 수 있다.

10세기 이전까지 거란은 국가를 이루지 않은 채, 시라무렌강과 랴오허강 유역을 무대로 유목 생활을 하며 살고 있었다. 그러다 당나라가 멸망한 907년, 야율아보기라는 지도자를 중심으로 거란국을 세우고 세력을 키워 나갔다. 우리 역사상 가장 넓은 영토를 자랑하던 발해도 거란에게 무너졌다. 또한, 송나라와 남북으로 대결하는 와중에 후방을 안정시키려는 의도로 여러 차례 고려에 쳐들어오기도 했다. 고려는 서희, 강감찬 같은 영웅들의 활약으로 그들의 침략을 격퇴했다. 동아시아 최강국으로 떠오른 거란의 대군에 맞서 승리한 걸 보면 고려 역시 결코 호락호락하지 않은 나라였음을 알 수 있다.

거란은 정복왕조,
요는 정통왕조?

거란이 북중국을 차지하고 동아시아 최강국으로 떠오를 수 있었던 배경에는 1004년에 송나라와 맺은 조약이 있었다. 군사적·경제적 요충지인 연운 16주를 차지하고 송나라를 위협하던 거란은 전연이란 곳에서 송과 강화조약을 맺었는데, 이를 '전연의 맹약'이라고 한다. 이 조약에 따라 송나라 황제는 거란 황제와 의형제 관계를 맺고 매년 비단 20만 필, 은 10만 냥을 바치기로 했다.

이처럼 유목민이 중국 본토의 일부나 전부를 정복하고 세운 나라를 '정복왕조'라고 한다. 이전에도 흉노, 돌궐 등 중국을 침략하고 지배한 유목민이 없지는 않았다. 그러나 흉노나 돌궐은 중국 왕조를 힘으로 누르고 재물을 약탈하긴 했어도 중국에 눌러앉아 중국 문화를 받아들이고 살아가지는 않았다. 그들은 어디까지나 삶의 근거지를 초원에 두고 끝까지 자신들의 유목 문화와 생활방식을 지켜 나갔다.

반면 거란은 북중국에 들어와 살고 중국인을 통치하면서 일정하게 중국 문화를 수용했다. 중국의 다수를 차지하는 한족 입장에서 기록된 역사서들은 이런 정복왕조들이 곧 중국 문화에 빠져 동화되었다고 기록하고 있다. 중국에서는 거란이 세운 나라를 '요(遼)'라고 부르면서 한(漢)이나 당(唐)처럼 중국사의 정통 왕조로 포함시키고 있다. 이처럼 중국의 정통 왕조에 포함된 정복왕조는 요 말고도 몽골족의 원(元), 여진족의 청(淸) 등이 있다.

정체성을 잃지 않은
거란의 기개

거란족은 북중국을 차지한 뒤 나라 이름을 거란에서 요로 바꾼 걸까? 거란 문자로 기록된 문서들을 보면 그들은 처음부터 끝까지 자기 나라를 거란, 즉 키타이라고 불렀다. 나라 이름뿐 아니라 언어, 문자, 생활문화 등에서 자신의 정체성을 지켜 나갔다. 요라는 이름은 중국 본토에 사는 한족들을 다스리기 위해 한자로 만든 이름이었다. 광활한 유목 지대와 중국의 농경 지대를 함께 다스리기 위해 중국 문화를 수용했을 뿐, 이들이 중국 문화를 사모하고 여기에 동화됐다는 역사 서술은 거란족 입장에서 볼 때 사실이 아니다.

언젠가 역사 교과서에 '요의 침입'이 아닌 '거란의 침입'으로 표기된 것을 보고, 거란을 오랑캐로 낮춰 봐서 나라 이름 대신 종족 이름을 쓴 것이 아닌가 하고 의심한 적이 있다. 하지만 역사를 제대로 들여다보고 나니 '요'가 아니라 '거란'이라는 이름이야말로 오히려 그들을 존중하는 표현이라는 것을 알았다.

중국이 키타이로
불리게 된 내력

거란은 정체성을 잃지 않았을 뿐 아니라 중국의 여느 왕조 못지 않은 융성한 문화를 이룩했다. 일부 주변 국가에서는 거란, 즉 키타이가 곧 중국을 가리키는 말이 되어 러시아는 지금도 중국을 키타이라고 부른다.

북중국을 지배하던 거란은 1125년 여진족이 세운 금(金)에 의해 멸망했다. 그때 거란의 카간(可汗, 통치자)이었던 야율대석이 서쪽으로 이동하여 세운 나라는 카라키타이 또는 서요(西遼)라고 불리며 오늘날의 키르기스스탄, 우즈베키스탄 등 중앙아시아를 지배했다. 이를 계기로 서방에서는 키타이라는 말이 북중국을 넘어 중국 전체를 가리키는 말로 널리 퍼지게 되었다. 카라키타이가 몽골 제국에 흡수된 이후 거란족은 역사의 무대에서 사라졌지만, 북중국과 중앙아시아에 남긴 그들의 그림자는 아직도 면면이 남아 옛 영광의 향수를 불러 일으킨다.

◑ 오디세이 프리즘

키타이라는 이름은 워낙 유명하다 보니 여러 언어권에서 변형되어 불렸다. 몽골 제국 시기 중국을 방문한 마르코 폴로는 북중국을 '카타이'라고 불렀다. 키타이에서 유래한 이 말은 훗날 중국을 가리키는 영어 단어 중 하나인 캐세이(Cathay)가 된다. 여행을 다니며 무심코 이용했던 홍콩의 '캐세이퍼시픽 항공'이라는 이름에 이처럼 오랜 역사적 배경이 있다니, 역사를 알면 현재를 좀 더 잘 이해하는 힘이 생기는 듯하다.

북한 사람들은 예루살렘이 어딘지 모른다고?

예루살렘 혹은 알꾸드스

×

이스라엘의 예루살렘을 못 들어본 사람은
없을 것이다. 그런데 북한 사람들에게
예루살렘을 아느냐고 물어 보면 고개를
젓는다. 북한에서는 아랍 사람들이 부르는
이름 '알꾸드스'를 받아들여, 우리가
예루살렘이라고 부르는 도시를 '꾸드스'라고
부르기 때문이다. 같은 도시가 서로 다른
이름으로 불리고, 게다가 남북한이 각각 다른
이름을 사용한다는 건 흥미로운 현상이다.
예루살렘이라는 도시에는 어떤 내력이 있기에
이처럼 다른 이름으로 불리게 된 것일까?

유대교의 성지
통곡의 벽

예루살렘 혹은 꾸드스라고 불리는 도시에는 유대교, 기독교, 이슬람교 세 종교가 신성하게 여기는 유적지가 모여 있다. 유대교의 성지는 도시의 구시가지 남동쪽에 있는 '통곡의 벽'이다. 구약성서에 나오는 거대한 성전의 서쪽 벽이라 하여 '서벽'이라고도 한다. 예루살렘이라는 이름은 히브리어로 '평화의 마을'을 뜻하는 '예루샬라임'에서 유래했다고 하는데, 기원전 1000년경 다윗이 이곳을 이스라엘 왕국의 수도로 정했고, 다윗의 아들 솔로몬은 이곳에 장엄하고 아름다운 성전을 세웠다. 솔로몬이 세상을 떠난 후 유대인이 많은 시련을 겪는 동안 성전도 함께 파괴됐다가 재건되기를 반복했다.

마지막으로 예루살렘 성전을 다시 세운 사람은 예수 그리스도 시대의 헤롯왕이었다. 헤롯왕은 로마 제국이 예루살렘을 포함한 유대 지방을 간접 지배하기 위해 임명한 왕이었다. 이후 유대인이 반란을 일으키자, 로마군은 이를 진압하면서 성전을 파괴하고 수많은 유대인을 죽였다. 많은 사람들이 무참히 학살당하는 비극을 지켜본 벽이 밤이면 눈물을 흘렸다고도 하고, 살아남은 사람들이 이 벽에 모여서 눈물을 흘렸다고도 한다. 통곡의 벽에는 이처럼 유대인의 아픈 역사가 전설과 함께 내려오고 있다.

기독교의 성지
성묘 교회

통곡의 벽에서 북서쪽으로 대각선 방향에는 골고다 언덕이 있고, 그곳에 기독교의 성지인 성묘 교회가 있다. 예수가 십자가형을 당한 뒤 잠시 안장됐던 묘지에 세워진 교회가 바로 성묘 교회이다. 성경에는 "예수께서 십자가에 못 박히신 곳에 동산이 있고 동산 안에 아직 사람을 장사한 일이 없는 새 무덤"이 있었다고 나와 있다(「요한복음」 19장 41절).

로마 제국은 예수를 처형했지만 그 제자들의 집요한 포교 덕에 4세기에는 기독교를 공인하기에 이르렀고, 바로 그때 기독교도가 된 콘스탄티누스 황제가 성묘 교회를 세웠다. 이후 예루살렘이 이란인과 아랍인의 손에 차례로 들어가면서 성묘 교회 역시 무너지고 보수되기를 반복했다. 지금 남아 있는 성묘 교회는 십자군 전쟁 때 십자군에 의해 세워진 것으로, 교회 내부는 가톨릭, 그리스 정교회, 콥틱 기독교, 시리아 정교회, 아르메니안 정교회 등 여러 교파가 각각 구획을 나누어 사용하고 있다.

이슬람교의 성지
황금 돔 사원

이슬람교를 믿는 아랍인이 예루살렘을 차지한 것은 638년의 일이었다. 이 도시는 이때부터 아랍어로 신성한 도시를 뜻하는 '알꾸드스'라고 불렸다. 우마이야 왕조의 5대 칼리프 압둘말리크는 691년 솔로몬의 성전이 있던 곳에 거대한 이슬람 사원을 세웠다. 이 사원은 이슬람교가 창시된 이래 처음으로 국가가 주도해서 세운 기념비적 건축물이었다.

1099년 십자군전쟁이 일어나며 예루살렘은 다시 기독교의 도시가 되었지만, 100년도 못 되어 아이유브 왕조의 술탄 살라딘이 다시 예루살렘을 탈환했다. 그 후 예루살렘은 이스라엘이 건국될 때까지 800년 가까이 이슬람권의 도시로 남아 있었다. 1516년 이곳을 차지한 오스만 제국은 이슬람 사원의 돔을 황금으로 덧칠했고. 이때부터 이 사원은 '황금 돔 사원'으로 불리게 되었다. 황금 돔 사원에 보관된 납작하고 널찍한 돌은 아브라함이 아들 이스마일을 하나님께 제물로 바치려 한 곳이고, 솔로몬이 재판을 진행한 곳이며, 예언자 무함마드가 하늘로 승천한 장소라고 전해진다.

"어떤 국가에도 속하지 않는 도시"

유대인은 로마 제국에 의해 쫓겨난 뒤 2000년 가까이 타지를 떠돌았다. 그러다가 제2차 세계 대전 무렵 고향으로 돌아가 자신들의 나라를 세우자는 운동을 일으켰다. 이 같은 유대인의 민

족주의 운동을 예루살렘 서쪽에 있는 시온산에서 따 '시오니즘'
이라 부른다.

시오니즘은 이미 예루살렘에서 살고 있던 팔레스타인인을 비
롯한 아랍인과 충돌하지 않을 수 없었다. 당시 아랍인들은 서유
럽 제국주의에 의해 분리 지배를 받았던 과거를 털고 통일국가
를 세우자는 '범아랍주의'를 주창하고 있었다. 시오니즘과 범아
랍주의가 대립하는 가운데 제2차 세계 대전이 끝나자 유대인은
영국, 미국 등의 도움을 받으며 귀향과 건국을 단행했다. 그때
특히 문제가 된 것은 유대인과 아랍인 모두에게 중요한 도시인
예루살렘이었다. 이에 유엔은 총회를 열고 "예루살렘은 국제법
상 어떤 국가에도 속하지 않는다"라는 결의안을 발표했다.

이스라엘이 건국된 뒤, 예루살렘은 동쪽의 요르단령과 서쪽
의 이스라엘령으로 나뉘었다가, 1967년 제3차 중동전쟁에서 승
리한 이스라엘이 독차지하게 되었다. 그 후 이스라엘은 예루살
렘을 '분리될 수 없는 이스라엘의 영원한 수도'로 정하는 법을
만들었지만, 유엔은 이를 국제법 위반으로 간주했다. 그에 따라
국제 사회는 아직도 예루살렘이 아닌 텔아비브를 이스라엘의
중심 도시로 여기고 있다.

2017년 12월 미국의 트럼프 행정부는 예루살렘을 이스라엘의 수도로 인정하고 자국 대사관을 텔아비브에서 예루살렘으로 이전하라고 지시했다. 세계를 분열과 대립으로 몰고 갈 만한 행동은 자제하는 것이 초강대국의 미덕이겠지만, 자국중심주의에 치우친 트럼프 행정부는 미국 내에서 막강한 영향력을 갖고 있는 유대인을 의식해 이 같은 강대국의 책임을 외면하고 말았다. 유엔을 비롯한 국제사회의 오랜 합의를 저버린 이 결정은 아랍권뿐만 아니라 유엔을 비롯한 전 세계의 거센 반발을 불러왔다. 예루살렘은 이스라엘로부터 멀리 떨어진 남북한조차 서로 다른 이름으로 부를 만큼 복잡한 역사를 지닌 도시이다. 이 도시는 사람들의 종교나 세계관에 따라 달리 불리고 달리 보이겠지만, 모두에게 소중한 인류의 문화유산인 만큼 모든 문제가 국제적 합의에 기초해 평화적으로 해결되어야겠다.

메소포타미아에는
메소포타미아가 없다

메소포타미아 대신
알자지라로

×

인류 최초의 문명을 가리키는
'메소포타미아'라는 말을 안 들어 본 사람은
거의 없을 것이다. 지리에 밝은 사람이라면
그곳이 아라비아반도 북쪽의 삼각주라는 것도
알고 있을 테고 말이다.
그런데 정작 메소포타미아에 사는 사람들은
그곳을 '메소포타미아'라고 부르지
않는다. 현지인들이 그 지역을 부르는
이름은 무엇이고, 우리에게 너무나 익숙한
메소포타미아라는 이름은 어디서 온 말일까?

메소포타미아가
그리스어라고?

메소포타미아는 '강과 강 사이'를 뜻하는 말인데 여기서 강과 강은 티그리스강과 유프라테스강을 가리킨다. 역사 교과서나 역사책에나 이 지역에 관한 설명은 이 정도가 보통이다. 하지만 '메소포타미아'가 사실 그리스어라는 사실을 알고 나면 고개를 갸웃거리게 된다. 이 땅은 그리스에서 다소 멀리 떨어진 데다, 오늘날 그곳에 살고 있는 사람들은 그리스어가 아닌 아랍어를 사용하고 있으니 말이다. 그런데 왜 그런 곳에 아랍어가 아닌 그리스어로 된 이름이 붙었을까?

그 이유는 그리스 문명의 후예를 자처하는 유럽인이 이 지역을 부르는 그리스어 명칭을 우리가 그대로 받아들였기 때문이다. 유대인은 구약성경에서 이곳을 '강과 강 사이'라는 뜻을 가진 '나하라임'으로 불렀다. 그런데 구약성경이 기원전 2세기경 그리스어로 번역될 때, '나하라임'이라는 이름이 가운데를 뜻하는 '메소스(mesos)'와 강을 뜻하는 '포타모스(potamos)'를 합친 '메소포타미아'로 번역되었고, 로마 제국과 서유럽은 이 번역어를 그대로 받아들였다. 그 후 서유럽이 세계를 지배하면서 그들의 시각에서 기록된 역사책이 세계로 퍼져 나갔는데, 그 결과 '메소포타미아'가 이 지역의 역사적·보편적 명칭으로 고정되기에 이른 것이다.

메소포타미아에는
메소포타미아가 없다

그렇다면 현지인들, 곧 아랍 사람들은 자기네 땅인 이곳을 어떻게 부를까? 7세기 이래로 이 지역은 유럽과 미국을 중심으로 하는 기독교 문화권과 사이가 좋지 않은 이슬람 문화권에 속해 왔다. 그런 곳에서 유럽인이 쓰는 지명을 그대로 썼을 리가 없다. 아랍계 주민이 메소포타미아에 해당하는 지역을 부르는 이름은 '알자지라(al-Jazira)'이다. '자지라(Jazira)'는 '섬'을 뜻하고 '알(al)'은 영어의 'the'에 해당하는 정관사이다. 두 강과 페르시아만으로 둘러싸여 섬처럼 보인다는 뜻을 가진 이름이다.

그런데 이 알자지라, 어디서 들어 본 것 같지 않은가? 알자지라는 바로 아랍권을 대표하는 텔레비전 방송사이다. 아랍어와 영어 두 언어로 방송을 하면서, 때로는 CNN이나 BBC 같이 세계적인 방송국보다 더 객관적으로 세계의 소식을 전한다는 평을 받기도 한다.

메소포타미아에 없는 것은 메소포타미아라는 이름만이 아니다. 메소포타미아를 둘러싸고 있는 두 강, 티그리스강과 유프라테스강 역시 그리스에서 붙인 이름인데, 현지에서 부르는 이름은 당연히 다르다. 티그리스강은 '디쾰라', 유프라테스강은 '알푸라트'라고 불린다. 두 강이 흘러 들어가는 바다도 우리는 '페르시아만'이라고 부르지만, 이 역시 주로 서방에서 부르는 이름이고, 아랍계 현지인들은 '아라비아만'이라고 부른다.

국립국어원에서는 다른 나라의 고유명사를 표기할 때 현지 발음을 중시한다는 원칙을 두고 있다. 북경이라는 한국어 한자음 대신 중국인들이 쓰는 발음 '베이징', 베니스라는 영어 발음 대신 이탈리아인들이 쓰는 '베네치아'라고 부르길 권장하는 식이다. 그렇다면 메소포타미아 역시, 지명을 가리킬 때는 현지 사람들이 부르는 대로 알자지라라고 불러 주는 게 좋지 않을까?

메소포타미아 문명과 현대 이라크

알자지라 말고 메소포타미아와 관련된 또 다른 지명은 바로 '이라크'이다. 메소포타미아 문명이 탄생하고, 바빌로니아 왕국이 건설되었던 지역의 범위는 대체로 지금의 이라크 국토와 일치한다. 인류 최초의 문명인 메소포타미아와 테러가 빈번하게 일어나는 오늘날의 이라크는 왠지 어울리지 않는 것처럼 보인다.

물론 오늘날 이라크 사람이 모두 메소포타미아 문명의 직계 후손이라고 하기는 어렵다. 이 지역은 이슬람 제국, 몽골 제국, 오스만 제국 등을 거치면서 지금처럼 아랍계 주민이 다수를 이루는 땅이 되었기 때문이다.

이라크는 20세기 초까지 오스만튀르크 제국의 지배를 받았고, 제1차 세계 대전이 끝나고 영국의 지배하에 있다가 1932년에야 독립했다. 그러나 영국은 이라크에서 완전히 물러나지 않았다. 그 원인 중 하나는 이 지역에서 채굴되는 엄청난 양의 석유를 둘러싼 이권이었다. 이런 배경은 오늘날까지 이어지고 있으며, 이라크와 주변 지역에서 일어나는 테러와 보복의 악순환에는 영국, 미국 등 서방 국가도 관련되어 있다. 이라크가 인류 최초의 문명이 시작된 발상지라는 이미지와 어울리지 않는 곳으로 여겨지게 된 데는 서방 국가에도 책임의 여지가 있다.

◉ 오디세이 프리즘

디튈라강과 알푸라트강 사이에 자리한 알자지라. 터키, 시리아, 그리고 이라크를 가로지르는 이 대지에서 메소포타미아 문명이 탄생했다. 이는 천문학과 성문법, 문자와 음악, 의술, 학교 등 인류 최초의 지식을 창조하는 기반이 되었다. 그야말로 인류 문명의 요람이라 할 수 있는 메소포타미아는 이미 역사적 의미를 갖는 고유명사로 자리 잡았다. 그러나 오늘날 그곳에는 이라크인을 비롯한 아랍계 주민들이 살고 있다는 것, 그들은 그곳을 알자지라라고 부른다는 것을 기억해야 한다.

우리가 그런 사실을 모른 채 그곳을 '메소포타미아'라는 이름으로만 불러 온 것은, 우리가 그동안 서양의 시선으로 세상을 바라봤기 때문일지도 모르겠다. 앞으로는 어떤 편견도 담기지 않은 우리 자신의 눈으로 세계를 보려고 노력해 보는 건 어떨까? 세계 속에서 여러 나라 사람들과 어울려 일하고 살아가게 될 우리에게 이런 평등하고 우호적인 자질은 필수일 테니 말이다.

영국은 어떻게 네 팀이나 월드컵에 참가할까?
켈트족과 앵글로색슨족의 미묘한 동거

×

월드컵 본선의 역대 참가 팀을 보면
북아일랜드, 웨일스, 스코틀랜드와 같은 영국
지방 이름이 눈에 띄곤 한다.
축구 역사를 찾아 보면, 영국이 축구
종주국이라는 점을 존중해서 앞의 세 지방
대표팀이 잉글랜드와 함께 출전할 수
있게 해주었다고 한다. 이 세 지방에 사는
주민의 상당수는 오늘날 영국의 주류인
앵글로색슨족과 구별되는 켈트족 계통이다.
먼 옛날 잉글랜드의 중앙 정부와
싸우기도 했던 켈트족은 누구이고, 그들은
앵글로색슨족과 어떤 관계를 맺어 왔을까?

아스테릭스,
로마와 맞서 싸운 켈트족의 영웅

프랑스 인기 만화 주인공 가운데 아스테릭스라는 캐릭터가 있다. 원뿔형 헬멧을 쓰고 도끼를 든 골(Gaul)족의 전사 아스테릭스는 갈리아 마을에 쳐들어온 무력의 로마 군대와 맞붙어 종횡무진 활약을 펼친다. 만화 영화 캐릭터를 넘어 프랑스 문화의 아이콘으로 여겨지고 있는 아스테릭스는 바로 켈트족의 전설적 영웅이었다. 만화에서 아스테릭스를 켈트족이 아니라 골족이라고 부르는 이유는 고대 로마인이 지금의 프랑스 일대를 갈리아, 이곳에 살던 켈트족을 갈리아족으로 부른 데서 유래한다. 갈리아가 변해 골이 된 것이다.

켈트족은 기원전 6세기 무렵부터 프랑스와 영국 일대에 퍼져 살았다. 만화 「아스테릭스」의 배경이 된 로마 군단과 켈트족의 전쟁은 기원전 58년부터 7년간 실제로 있었던 일이다. 갈리아 전역을 정복한 카이사르는 켈트족과 싸운 경험을 책으로 남겼는데, 라틴어 문장의 모범으로 일컬어지는 『갈리아 전기』가 바로 그것이다. 그 후 갈리아에서는 켈트족과 로마인의 혈통이 뒤섞였고, 나중에는 북쪽에서 내려온 게르만족까지 합세했다. 오늘날 프랑스인은 켈트족과 로마인, 게르만족의 피가 모두 뒤섞인 혼혈이라 해도 과언이 아니다.

밀려나고 또 밀려난
켈트족의 운명

당시 승승장구하던 로마는 오늘날 프랑스뿐 아니라 영국에 해당하는 섬까지 점령해 영토로 삼았다. 프랑스가 갈리아로 불렸다면, 영국은 브리타니아라고 불렸고, 영국에 살던 켈트족은 브리튼족으로 불렸다. 이 브리튼족의 전설적인 영웅이 바로 천하무적의 보검 엑스칼리버를 들고 원탁의 기사를 이끌었던 그 유명한 아서왕이다.

5세기 말 서로마 제국이 망하고 아서왕이 이끄는 브리튼족이 영국의 주인이 되는가 싶었지만, 서로마 제국을 멸망시킨 게르만족은 끝내 영국까지 밀려들어 왔다. 영국에 들어온 게르만족의 일파는 대부분 앵글족과 색슨족에 속했기 때문에 두 부족의 이름을 합쳐 앵글로색슨족이라고 부르게 되었다. 아시왕을 비롯한 켈트족은 앵글로색슨족과의 싸움에 패배해 영국 변방과 아일랜드로 밀려나고 말았다.

앵글로색슨족의 영웅 아서왕?

우리에게 잘 알려진 아서왕의 전설에는 이상한 점이 있다. 전설에 따르면 아서왕은 반란을 일으킨 조카와 싸우다가 치명상을 입어, 엑스칼리버를 물에 던지고 호수를 건너 죽은 자의 낙원인

아발론으로 갔다. 영국을 차지한 앵글로색슨족은 아서왕이 언젠가는 돌아와 자신들을 위해 싸울 거라고 믿었다. 11세기 들어 노르만족의 침략을 당했을 때도 아서왕이 돌아와서 바로 그 노르만족을 몰아내길 소망했다.

켈트족의 영웅인 아서왕이 켈트족의 원수인 앵글로색슨족을 위해 싸우다니 어딘가 이상하다. 앵글로색슨족이 이런 믿음을 가진 이유는 간단하다. 영국을 차지한 뒤 켈트족의 영웅을 자기들의 민족적 영웅으로 슬쩍 바꿔치기했던 것이다.

여전히 살아 숨 쉬는 켈트족의 문화

영국 중심부에서 밀려나고 민족의 영웅마저 표절당한 켈트족의 후손들은 오늘날 아일랜드, 웨일스, 프랑스 브르타뉴 등지에서 자신들의 문화를 지키며 살아 가고 있다. 영국에서 왕위 계승자인 찰스 황태자를 'Prince of Wales', 즉 웨일스공이라고 부르는 이유는 웨일스 사람들의 자존심을 의식한 영국 왕실의 전통적인 유화책이다. 찰스 황태자는 웨일스의 켈트계 언어인 웰시어를 익히고 그곳에서 왕자 책봉 의식을 올리기도 했다.

전 세계에 많은 팬을 확보하고 있는 미국 프로농구협회(NBA) 구단 중에 보스턴 셀틱스라는 팀이 있는데, 여기서 셀틱스(Celtics)는 '켈트(Celt)족 사람들'이라는 뜻이다. 보스턴에 아일랜드계 이민자가 많아 붙여진 이름으로, 아일랜드 사람들은 여전히 켈트 전통에 대한 깊은 자부심과 뿌리의식을 가지고 살아간다.

켈트족의 문화적 자존심을 잘 보여 주는 것은 뭐니 뭐니 해도 아서왕 이야기를 포함한 켈트 신화이다. 독일의 작곡가 리하르트 바그너는 게르만족의 신화에서 영감을 얻은 오페라 「니벨룽겐의 반지」로 유명세를 떨쳤다. 그런 바그너의 작품 목록에서 빠지지 않고 거론되는 것이 게르만족과의 싸움에서 패한 켈트족의 전설에서 유래한 오페라 「트리스탄과 이졸데」이다. "하루를 못 보면 병이 들고, 사흘을 못 보면 죽는다"고 하는 사랑의 묘약을 마신 연인들의 이야기를 다룬 작품이다.

한편, 바그너는 「로엔그린」이라는 오페라를 통해 독일의 전형적인 기사 캐릭터를 창조하기도 했다. 여기 나오는 '독일 기사' 로엔그린 역시 족보를 찾아 올라가면 켈트족의 아서왕 전설에서 파생된 '백조의 기사'에 원형을 두고 있다. 아널드 슈워제네거가 출연한 영화 「코난-바바리안」의 고대 영웅 코난 역시 켈트 신화의 자양분을 먹고 자라난 캐릭터이다. 톨킨의 『반지의 제왕』, 조앤 롤링의 『해리 포터』에도 어김없이 켈트 신화가 녹아들어 있다.

◑ 오디세이 프리즘

아서왕이 아발론에서 돌아와 누구를 위해 싸운 것인지는 이제 별로 중요하지 않다. 진짜 중요한 것은 아서왕 이야기가 켈트족과 앵글로색슨족, 두 민족의 전통과 뒤섞이고 호흡하며 다양한 문화를 창조해 왔다는 사실이다. 만약 켈트 문화가 앵글로색슨 문화에 밀려 사라져 버렸다면, 오늘날 영국과 아일랜드의 문화는 다소 밋밋했을 것이다. 로마와 앵글로색슨족에게 치이고 밀려나면서도 자신들의 문화와 자부심을 잃어버리지 않은 켈트족의 모습은, 다른 나라의 문화를 속속들이 들여다보려는 노력이 무엇인지 알려 준다.

지식은 종이의 속도로 퍼진다
양피지에서 종이까지

×

고대 중국에서 발명된 종이는 오랫동안
우리나라를 포함한 동양에서만 사용되었다.
중세까지 동양의 지식 문명이 서양보다 앞서
있었던 이유가 종이 덕분이었을 만큼, 종이는
지식을 널리 보급하는 데 결정적인 역할을
하며 인류 문명을 획기적으로 진전시켰다.
서양에도 고대에 종이와 비슷한 기능을 하는
양피지가 있었지만, 동양이 서양보다 지식의
보급에서 앞서 있었고, 훗날 서양에 종이가
보급되자 양피지가 모습을 감춘 것을 보면,
확실히 종이가 양피지보다 우월한 소재였던
게 분명하다.

비단만큼 위대한
종이의 발명

동양의 종이는 실크로드를 타고 서양으로 전해졌다. 실크로드는 중국의 비단이 서양으로 팔려가던 길이라는 뜻에서 붙은 이름이다. 당시 비단은 서양이 도저히 흉내 낼 수 없는 기술로 만들어지던 첨단 제품이었다. 바로 그 비단처럼 서양이 도저히 흉내 낼 수 없었던 또 하나의 물건이 바로 종이였다.

중국에서 종이가 처음 만들어진 것은 기원전 2세기 전한(前漢) 때, 민간에서 실과 솜, 식물섬유를 혼합해 종이를 만들어 쓰기 시작하면서부터였다.* 이때의 종이들은 제조기술이 미숙하고 원료가 비싸 대중화에는 어려움이 따랐다. 후한(後漢) 때인 서기 2세기 들어 환관 채륜이 종이를 좀 더 쓰기 좋게 개량했다. 그는 나무껍질, 헌 옷, 넝마, 폐기된 어망 따위를 절구통에 물과 함께 넣고 짓이겨 종이를 만들었다. 요즘 제지법과도 큰 차이가 없는 채륜의 종이는 두께가 0.04밀리미터밖에 되지 않으면서도 질기고 매끄러웠다. 게다가 값도 싸서 글을 쓰거나 책을 만들기가 한결 쉬워졌다. 채륜의 제지법은 놀라운 속도로 전국에 퍼져나갔고, 사람들은 이 종이를 채후지라 부르며 채륜을 칭송했다.

---

* 1950년대 중국 섬서성에서 출토된 파교지(灞橋紙)에 대한 연구 보고서에 따르면 파교지는 전한 무제(재위 기원전 141~87) 때 만들어진 종이라고 한다. 또한 채륜과 동시대인인 허신(許愼)은 『설문해자(說文解字)』에서 당시에 이미 솜을 다듬어 종이를 만들고 있었다고 했다.

서양에서 양피지가 처음 만들어진 시기는 중국에서 종이가 만들어진 것과 비슷한 기원전 190년경이다. 양피지는 양이나 소, 염소 등의 가죽을 말끔히 씻은 다음, 털을 뽑고 석회로 표백한 뒤 표면을 얇고 부드럽게 다듬어 만들었다. 본래 유럽에서는 고대 이집트에서 파피루스라는 식물의 줄기를 얇게 잘라서 이어 붙여 만든 것을 종이처럼 쓰고 있었다. 그런데 파피루스를 만드는 방법이 매우 복잡한 데다 이슬람 세계로 넘어간 이집트가 이웃 나라에 파피루스 수출을 금지하며 양피지가 널리 쓰이기 시작했다. 양피지는 중국에서 만든 초기의 종이에 비해 견고하고 장기간 보존이 가능했지만, 값이 비싸고 부피가 크며 무겁다는 결점이 있었다.

지식의 보급으로 이어진
종이의 사용

채륜 덕분에 저렴해지고 대량 생산이 가능해진 종이는 동양에서 지식이 확산되는 데 큰 역할을 했다. 그전까지만 해도 나무나 대나무 조각을 이어 붙인 목간이나 죽간, 또는 값비싼 비단에 글씨를 썼기 때문에 지식의 보급에 한계가 있었다. 하지만 종이를 쓰기 시작하면서 일반인도 관리가 되기 위해 필요한 고급 지식을 갖출 수 있게 되었다. 중국에서 평범한 사람이라도 공부만 열심히 하면 관직에 진출할 기회를 주는 과거 시험을 일찍이 실시한 것도 종이가 널리 보급되어 누구나 지식을 익힐 수 있었기 때문이다. 역사적으로 과거 시험을 실시한 나라는 중국과 한국, 베트남 세 나라뿐인데, 이것은 이 지역에 종이가 빨리 보급된 것과 관계가 있다.

값비싼 양피지를 사용하던 서양에서는 소수의 지식층이 권력을 독점하는 일이 많을 수밖에 없었다. 만드는 데 품도 많이 들고 보급에도 한계가 있었던 양피지를 아무나 가질 수 없었기 때문이다. 고대에는 귀족들끼리 고급 지식을 향유했고, 중세에는 성경을 비롯해 종교에 관한 지식은 사제들이, 국가를 통치하고 관리하는 데 필요한 지식은 귀족들이 독점했다. 서양에서 근대적인 문화의 대변혁이 일어난 것은 동양으로부터 종이가 전래된 직후의 일이었다.

동양에서 서양으로 전해진 종이의 역사

동양의 제지술이 처음 서양에 알려진 계기는 서기 751년에 벌어진 탈라스 전투였다. 당시 중국에는 당나라가 있었고 이슬람 세계에는 아바스 왕조가 있었다. 두 나라는 오늘날의 키르기스스탄에 있는 탈라스강이란 곳에서 처음으로 충돌했는데, 그때 당나라군을 지휘하던 장수가 바로 고구려 유민의 후예인 고선지 장군이었다.

탈라스 전투가 이슬람군의 승리로 끝나자 고선지 장군이 데리고 있던 제지 기술자들이 아바스 왕조로 끌려갔는데, 바로 이들을 통해 처음으로 제지술이 전해졌다. 이슬람 국가들은 곳곳에 종이 공장을 세우고 기계망치로 펄프를 빻는 기술도 개발했다. 300년쯤 흐른 11세기 무렵 이슬람 지역에서 종이는 시장에서 야채를 사고팔 때 사용하는 포장지로 쓰일 정도로 흔한 물건이 되었다. 훗날 서유럽의 근대 학문에 영향을 준 이슬람 학문도 이때 발달했다.

서유럽에 종이가 들어간 것은 그보다도 한참 더 지난 12세기나 13세기의 일이었다. 13세기 중반 로마 교황 인노켄티우스 4세는 몽골 제국의 3대 황제였던 귀위크 칸과 편지를 주고받았는데, 그때 교황이 종이를 처음으로 봤다는 이야기도 있다. 서유럽 최고의 지식인이라고 할 수 있는 교황이 그때에야 종이란 것을 알았다면, 유럽 사회에 종이가 얼마나 늦게 보급되었는지 짐작할 수 있다.

❶ 오디세이 프리즘

나중 난 뿔이 우뚝하다고, 뒤늦게 제지술을 알게 된 서유럽은 매우 빠른 속도로 기록 문화를 발전시켜 나갔다. 종이를 사용하기 시작한 지 얼마 안 돼 독일의 출판업자 구텐베르크가 금속으로 활자를 만들었다. 그리고 이를 활용해 종이에 빠른 속도로 글자를 인쇄하는 방법을 개발했다. 금속활자를 만든 것은 구텐베르크보다 우리나라가 훨씬 더 빨랐지만, 금속활자를 이용해 더 많은 책을 더 널리 보급한 것은 구텐베르크였다.

근대의 출발점으로 일컬어지는 르네상스와 종교개혁은 이 같은 종이의 보급에 힘입어 일어났다. 제지술이 널리 퍼지고 금속활자로 빠른 인쇄가 가능해지자 서유럽인들 사이에 숨겨져 있던 지식 욕구가 폭발했다. 그 후 빠른 속도로 발달한 서유럽의 근대 문명은 오랜 기간 세계를 앞장서 이끌었다.

우리의 조상은 서양에 제지술을 전해 줄 정도로 기술과 지식면에서 뛰어났는데, 오늘날 우리는 지식 분야에서 서양을 쫓아가기에 급급하니 조상들 볼 면목이 없기도 하다.

2부
전통과 개혁의
오디세이

대부분 개혁은 실패하기 마련이지만,
역사를 바꾼 사건은 어쩌다 한 번 성공한
개혁의 결과인 것도 사실이다. 일보후퇴와
이보전진을 거듭해 온 역사의 굴레 속에서
우리는 배우게 될 것이다. 굳건한 전통이라
믿어 온 것들이 어쩌면 권위를 지키기 위한
수단이라는 것, 순간의 선택이 한 시대의
명운을 좌우한다는 것, 그걸 알면서도 역사는
쇠락과 소생을 반복하리란 것을.

가족제도가 빚은 장화홍련의 죽음

의외로 짧은
가부장제의 역사

×

'장가들기'와 '시집가기'의 차이점은
무엇일까? 단순히, 결혼을 남자 쪽과 여자
쪽에서 따로 이르는 말인 것일까? 틀린 말은
아니지만 두 단어에는 생각보다 깊은 전통의
차이가 깃들어 있다. 장가든다는 말은 신랑이
장인 장모 댁에서 사는 혼례 풍습을 가리키고,
시집간다는 말은 신부가 시댁으로 들어가는
걸 말한다. 우리는 후자를 조상 전래의
전통으로 알고 있지만, 사실 조선 중기 이전만
해도 장가들기가 일반적인 혼례 풍습이었다.
조선 시대 고전 소설인『장화홍련전』역시
가족 제도가 변하는 과도기에 지어진
소설이라는데, 어떻게 된 일일까?

조선보다 평등했던
고려의 가족문화

장가들기가 일반적이었던 고려 시대에는 친가와 외가의 구별이 없었다. 아이들에게 아빠와 엄마의 부모님은 모두 할아버지, 할머니였다. 영어의 aunt, uncle처럼 엄마 항렬의 여성 친척은 다 '아자미', 아빠 항렬의 남자 친척은 다 '아자비'로 불렸다.

이 같은 가족관계는 신랑이 신부 집으로 장가들던 혼례 풍습과 관련 있다. 남자가 여자 집에 들어가 사는 장가들기 문화에서 남녀 관계는 비교적 평등했다. 부부는 서로의 재산을 따로 관리하다가 자식 없이 이혼하면 그대로 각자의 재산을 갖고 헤어졌다. 부모가 죽으면 유산은 아들 딸 구별 없이 균등하게 물려받았다. 당시의 재산은 주로 토지와 노비였는데 기름진 땅이나 일 잘하는 노비가 따로 있을 경우, 분란을 막기 위해 제비뽑기를 하기도 했다. 유산을 공평하게 물려받는 만큼 제사도 아들 딸이 돌아가며 지냈고, 족보에도 딸과 사위를 함께 올렸다.

어쩌면 현대 사회의 모습과도 겹치는 지점이 많아 보이는데, 고려뿐 아니라 동아시아의 많은 나라가 이러한 '양계제적 가족제도'의 전통을 가지고 있었다니 조금 놀랍기도 하다. 반면 중국에서는 일찍이 남성 중심의 부계 전통이 발전했고, 양계제적 가족제도를 유지하던 한국에도 성리학을 비롯한 중국 문화의 영향으로 부계제적 가족제도가 함께 유입되었다.

조선 후기에야 정착한 가부장제

주자가 집대성한 성리학은 부계 혈통을 강조한다. 성리학에서는 만물의 근원을 이루는 기(氣)가 아버지에서 아들로, 아들에서 손자로 내려간다고 보아서 남성을 중심으로 한 부계가족을 이상적인 가족 형태로 여겼다. 그리고 기의 유전을 매개하는 여성은 혼인과 함께 이 같은 부계가족에 들어가 살아야 한다고 규정했다. 이처럼 남자의 집에 여자를 맞이하는 혼인 방식을 '친영(親迎)'이라 했는데, 조선 초기에 성리학을 통치 이념으로 삼은 왕실은 친영을 보급하려고 노력했다.

그러나 위에서 권장한다고 해서 오랜 관습이 쉽게 사라지기는 어려운 법. 장가들기 풍습은 조선 중기까지 유지되었다. 심지어 양반들 사이에서도 들어가 살고 있는 처가의 수준을 성공의 척도로 여길 정도였다. 신사임당이 율곡 이이를 낳은 곳으로 알려진 오죽헌도 사임당의 시댁이 아니라 친정이었다. 신사임당은 남편 이원수와 혼인한 뒤 그냥 친정에서 살았던 것이다. 뿐만 아니라 이원수가 죽은 뒤 율곡의 형제자매들이 유산을 똑같이 나눠 가진 기록인 『분재기(分財記)』가 지금까지 남아 있다. 우리가 조선 시대의 가족제도라고 알고 있는 가부장적인 부계가족은 사실은 조선 후기에 가서야 정착되었다는 사실은 조금 놀랍기까지 하다.

실화를 소재로 한
장화홍련의 비극

계모한테 구박받다 억울하게 죽은 자매의 비극적인 이야기『장화홍련전』은 17세기 평안도 철산에서 있었던 사건을 소재로 한 것이다. 이 사건은 가족제도가 변화하는 과도기와 관련되어 있었다. 장화와 홍련의 어머니가 죽자 아버지 배좌수는 재혼을 한다. 예전의 양계제적 가족제도라면 장화, 홍련은 어머니의 친척과 함께 살았을 텐데, 바뀐 부계제도 아래에서 자매는 아버지랑 살아야 했다.

이런 가운데 양계제적 관습이 완전히 사라진 것은 아니어서 원래는 어머니가 남긴 많은 재산을 피붙이인 장화, 홍련이 물려받도록 되어 있었다. 부계제적 가족제도의 이점만을 취하려던 계모는 이 재산을 둘러싸고 두 자매와 갈등을 벌인다. 장화, 홍련이 돈 없는 자신을 홀대했다는 이유로, 아들 장쇠를 시켜 자매를 죽인 것이다.

차라리 전통 가족제도가 유지되어 장화와 홍련이 외가에 가서 살았거나, 제도가 완전히 바뀌어 배좌수가 죽은 아내의 유산에 권리를 행사했으면, 비극은 일어나지 않았을지도 모른다. 『장화홍련전』이외에도 가족제도의 혼란에서 비롯된 사건이 당시에 꽤 많았다고 하는데, 아무리 과도기라 하더라도 생때같은 자매의 목숨을 잃게 한 일은 두고두고 안타까운 일이다.

가부장적 가족의 탄생

우리가 전통이라고 알고 있는 조선 후기의 부계 중심 가족은 이런 과도기를 거쳐 탄생했다. 유산은 아들딸이 골고루 나눠 갖는 것이 아니라 장남이 상속하게 되었고, 이로써 장남은 가계(家系)를 계승하고 제사를 모시는 책임을 졌다. 만약 가계를 계승할 아들이 없으면 딸에게 맡기는 것이 아니라 양자를 들였다. 여자는 남자 집에 한번 시집가면 출가외인이 되어 죽어서도 시집의 귀신이 되어야 한다는 말도 이때 생겨났다.

우리는 5만 원권에 들어 있는 신사임당을 보면서 가부장제 사회에서 이상적으로 여기던 현모양처를 떠올린다. 그러나 신사임당은 혼인하고도 한동안은 친정에서 계속 살았고, 결코 순종적이지만은 않았던 '장가들기' 시대의 엘리트 여성이있다.

❶ 오디세이 프리즘

양계제적 가족이든 부계 중심 가족이든 둘 다 오랜 세월에 걸쳐 형성된 우리의 전통 문화이다. 딸 가진 부모는 전자를, 아들 가진 부모는 후자를 더 좋아할지도 모르겠다. 오늘날의 우리는 다시 한번 가족제도가 변화하는 시대에 살고 있다. 호주제가 없어지고, 아들딸은 균등하게 유산을 물려받으며, 여성에게 시집살이를 강요하지도 않는다. 어떻게 보면 조선 중기 이전의 양계제적 가족제도로 돌아가고 있는 것 같기도 하다.

그보다 더 중요한 것은 결혼과 가족의 관념 자체가 바뀌고 있다는 사실이다. 젊은이들이 결혼을 꼭 해야 한다고 생각하지 않고, 그에 따라 '혼밥', '혼술' 문화가 널리 퍼지는 것, 혈연으로 맺어지지 않은 가족 형태가 나타나는 것 등… 바야흐로 가족제도의 새로운 과도기를 지나고 있는 지금, 앞으로 우리가 사는 모습이 어떻게 달라질지 궁금하다.

시간에도 주인이 있다고?

조선의 주권을 되찾은
세종의 천문 프로젝트

×

지난 2018년 4월 27일 역사적인
남북정상회담 직후, 북한은 우리보다 30분
늦었던 자신들의 표준시를 우리의 표준시에
맞췄다. 이처럼 오늘날 남북한은 자국의
시간대를 결정할 수 있는 '시간의 주권'을 갖고
있다. 하지만 옛날에는 우리 스스로 시간을
측정하고 결정할 수 없었던 적도 있었다.
그게 무슨 말이냐고 고개를 갸우뚱하는
사람도 있을 텐데, 우리의 시간을 찾아 나간
역사를 살펴보며 궁금증을 풀어가 보자.

시간을 알려 주는 것은
군주의 덕목

옛날에는 시간이라는 말 대신 '시(時)'라는 말이 쓰였다. 중국 고대의 전설적인 요 임금은 희(羲)와 화(和)에게 명해 천문을 관측하고 사람들에게 공경히 시를 알려 주도록 했다고 한다. 이 전설은 천문을 살펴 시간을 가늠하고 이를 백성에게 알려주는 것이 임금의 소임이었다는 사실을 알려 준다.

천체의 운행을 관측해 시간과 절기를 계산하고 기록한 것을 역법이라고 하는데, 군주는 희와 화 같은 천문관리를 통해 역법을 만들고 이를 천하에 반포했다. 전통사회에서 가장 중요한 일인 농사를 제대로 지으려면 시간과 절기의 흐름을 정확하게 알아야 했으므로 역법을 통해 이를 사람들에게 알려 주는 것은 군주의 중요한 덕목이었다.

시간을 잴 수 없었던
조선의 국왕

중국의 제후국이었던 고려와 조선의 국왕은 이처럼 중요한 천문 관측을 할 수 없었다. 황제는 곧 천자(天子)였고, 천자는 하늘의 아들이라는 뜻이었는데, 천자가 하늘에 지내는 제사를 독점했으므로 제후는 하늘에 제사를 지낼 수 없었다. 이는 곧 천문을 관측할 수 없음을 의미했다. 천문을 관측해야 시간과 절기를 가늠하고 역법을 만들 수 있는데도 말이다.

그러니까 역법은 황제가 제후를 통제하는 데 사용한 첨단 기술이기도 했던 것인데, 제후인 고려와 조선의 국왕은 중국의 황제가 내려 준 역법을 받아 백성들에게 절기와 시간을 알려 줘야만 했다. 역법을 만드는 데는 고도의 천문지식과 기술이 필요했고, 그러한 과학기술을 발전시킬 수 없는 제후 국가는, 점점 더 황제 국가에 의존할 수밖에 없었던 것이다.

세종의 시간 프로젝트

세종대왕이 등극한 15세기 초 조선은 명나라에서 가져온 대통력으로 시간을 헤아리고 있었다. 대통력은 오래전 원나라가 고려에 내려 준 수시력과 거의 같은 역법이었다.

1422년 정월 초하루, 천문을 담당하는 서운관에서 일식을 예보하자 세종은 신료들과 함께 창덕궁 인정전 앞에 꿇어 앉았다. 당시에 해는 임금의 상징이었으므로 해가 사라지는 일식은 임금의 허물 때문이라고 여겨졌다. 그래서 임금은 일식이 발생하면, 석고대죄하면서 어서 일식이 끝나기를 비는 구식례(救食禮)를 거행했다.

일식은 세종이 무릎을 꿇고도 1각(15분)이 지나서야 시작되었다. 일식을 예보한 이천봉은 임금을 힘들게 한 죄로 장형에 처해졌다. 세종은 이런 문제를 그냥 지나치는 임금이 아니었다. 예보가 잘못된 원인을 따져 보니, 문제는 이천봉이 아니라 중국의 역법을 가지고 일식을 예측한 데 있었다. 조선과 시차가 있는 중국에서 만든 역법을 그대로 사용하다 보니 미묘한 차이가 생겼던 것이다. 이런 일들이 계기가 되어 세종은 조선의 하늘을 직접 관측해 조선의 시간을 바로잡겠다는 중대한 결심을 내리게 된다.

세종, 조선의 시간을 되찾다

세종은 조선의 시간을 바로잡겠다는 다짐 이후 정초, 정인지, 장영실 등을 불러들였다. 그들에게 떨어진 명령은 천문을 관측해 한양의 북극고도를 측정하라는 것이었다. 정초와 정인지가 천문관측기구인 간의의 원리를 연구하고, 장영실과 이천이 간의를 만들었다. 간의란 동양의 전통적인 천체 관측 기구인 혼천의를 간략하게 만든 것이었다.

임시로 나무 간의를 만들어 한양의 북극고도가 38도 1/4이라는 걸 확인하자 본격적인 천문 프로젝트가 시작되었다. 경복궁 경회루 뒤에 간의대를 쌓고 그 위에 대간의를 설치해 하늘을 관측했을 뿐만 아니라 별의 운행을 관측하는 규표, 해와 별을 다

같이 관측하는 일성정시도 만들었다. 경회루 남쪽에는 자동으로 시간을 알려 주는 물시계인 자격루를 설치해 조선의 표준 시간을 알렸다.

이 같은 천문 프로젝트를 통해 확보한 데이터를 바탕으로 완성한 조선의 역법이 바로 『칠정산(七政算)』이다. 칠정이란 일월과 화수목금토의 5성을 의미하므로 칠정산은 천체의 운행에 대한 계산이라는 뜻이다. 이렇게 해서 세종과 학자들은 천자에게 받아 오던 시간에서 벗어나 드디어 우리의 시간을 되찾을 수 있었다.

● 오디세이 프리즘

세종이 서울에 맞춰 정한 시간은 지금 우리가 쓰고 있는 표준시보다 28분가량 늦었다. 1908년 순종은 세계인이 함께 쓰는 시간대에 맞춰 우리의 표준시를 정할 때, 세종의 시간을 이어받아 지금보다 30분 늦은 표준시를 공포했다. 그랬던 표준시를 30분 앞당겨 일본 표준시와 같게 한 것은 1912년 조선총독부였다. 그걸 1954년 도로 30분 늦췄고, 1961년에 다시 바뀌어 현재의 표준시가 되었다.

오늘날 우리가 쓰는 표준시가 실제 시간보다 약 30분 빠르다고 하면, "어쩐지 아침에 일어날 때 피곤하더라~" 하는 사람들도 있다. 그렇다고 해서 다른 나라들과 30분 단위의 시차가 나도록 표준시를 정하면, 지구촌 시대에 여러 가지로 불편한 일이 생길 것이다. 지금도 표준시를 둘러싼 논란이 이어지고 있지만, 어떤 경우든 우리가 세계화 시대에 맞게 시간의 주권을 행사하는 것이라는 사실은 변함이 없다.

우리가 기억해야 할 것은 세종의 정신이다. 천자가 일방적으로 내려주던 시간에 맞서 그가 찾아낸 조선의 시간은 곧 조선에 사는 백성의 시간이었다.

변할 것인가 지킬 것인가
개화파와 위정척사파의 줄다리기

×

개화파와 위정척사파는 모두 우리 근대사에
나타났던 중요한 정치 세력이었다. 개화파는
서양의 정치사상과 과학기술을 적극
수용하자고 주장한 반면, 위정척사파는 서양
문물을 배척하고 전통 문명을 지키자고
주장했다. 이러한 개화파와 위정척사파의
충돌은 단지 국내 정치에서의 경쟁이었을
뿐만 아니라, 동양의 전통 문명과 서양의
근대 문명이 부딪치던 시대 상황을 반영한
세계사적 사건이기도 했다.

새로운 세상을 꿈꾼
개화파의 고민

천주교가 '서학(西學)'이라는 이름으로 조선에 들어오기 시작한 17세기 이래로, 서양 문물은 조선인의 생활 반경에 조금씩 스며들었다. 19세기 무렵에는 서양목(西洋木)이라고 불리는 값싼 서양 면화가 조선 시장에 들어오기도 했는데, 이처럼 조선을 둘러싼 서양 제국주의 세력의 위협은 시간이 갈수록 심화되었다. 조선 사회에서 서양 문물에 대한 경계심과 호기심이 동시에 생겨난 이 시기에 서양 문물을 수용하고 조선을 근대 세계로 이끌려 했던 것이 바로 개화사상과 개화파였다.

흔히 개화파가 맹목적으로 서양 문물을 추종했다고 생각하기 쉽지만, 오랜 유교 문명 속에 자라난 이 땅의 지식인들이 하루아침에 전통을 버리고 새 것을 받아들이는 일은 있을 수 없었다. 단적인 예로 개화파 지식인이었던 김윤식은 이런 말을 남겼다. "나는 일찍이 개화지설을 매우 이상하게 여겼다. 무릇 개화란 변방의 미개 종족이 구주(歐洲, 유럽)의 풍속을 듣고 자신들의 거친 풍속을 고쳐 나가는 것을 말하는데, 우리 동토(東土)는 문명의 땅이니 어찌 다시 개화하겠는가?"

개화파의 고민은 '개화'라는 번역어에도 들어 있다. Civilization의 번역어인 '개화'는 아무렇게나 지은 게 아니라 동양 고전에서 나온 말이다. 개물성무 화민성속(開物成務 化民成俗), 사물의 이치를 밝혀 그 쓰임을 다하게 하고, 백성을 교화하여 풍속을 이룬다. 이 멋진 문장은 각각 『주역(周易)』과 『예기(禮記)』에서 가져온 것인데 각 문장의 첫 글자를 따 '개화'라고 한 것이다. 서양 문명의 수용을 뜻하는 'Civilization'을 번역하면서 동양 고전의 명구로 뜻을 맞춘 셈이다. 동양의 오랜 전통 문명을 견지하면서 그 위에서 새로운 서구 문명을 받아들인다, 이것이야말로 진정한 개화파 지식인의 태도였다.

적은 가까이에 있다
위정척사파의 위기

'위정척사(衛正斥邪)'라는 말은 '바른 것[正]을 지키고[衛] 사악한 것[邪]을 배척한다[斥]'라는 분명한 의미를 담고 있다. 여기서 '바른 것'은 유학을 말하고 '사악한 것'은 서학, 즉 서양 문물을 말한다. 위정척사파가 역사의 전면에 나타난 시기는 1866년(고종 3년)에 일어난 병인양요였다. 프랑스 함대가 강화도 앞바다에 나타나 개항을 요구하자, 서양 문물을 이단으로 규정한 기정진, 이항로 등 성리학자들은 주전론을 폈다. 어린 고종 대신 나라를 다스리던 그 당시 조정의 실권자 흥선대원군은 그 주장을 받아들여 프랑스 함대를 격퇴했다. 그로부터 5년 뒤 신미양요가 발생했을 때, 미군마저 물리치고 전국에 척화비를 세우자 그들의 기세는 등등했다.

위정척사파의 첫 번째 위기는 정치적 동지였던 흥선대원군을 그들 손으로 끌어내리면서 찾아왔다. 이항로와 그의 제자 최익현은 경복궁 중건, 서원 철폐 등 왕권 강화를 위한 정책을 질타하며 1873년 흥선대원군을 탄핵했다. 고종이 직접 나라를 다스리기 시작하자 일본은 기다렸다는 듯이 조선을 압박해 강화도조약을 맺음으로써 마침내 조선의 문을 열었다. 조정 일각에서는 일본은 서양과 다르므로 개항이 문제될 것 없다는 주장도 있었지만, 최익현을 앞세운 위정척사파는 일본과 서양이 똑같은 오랑캐라며 척양척왜(斥洋斥倭)의 기치를 높이 들었다.

개화파와 위정척사파 아군이 되다

막상 개항을 하자 일본은 위정척사파의 예상대로 서양 열강이 아시아, 아프리카에서 하던 것과 똑같은 방법으로 조선의 정치·경제를 침탈해 들어왔다. 조선이 식민지로 전락하기 전에 자주적 근대화를 이룩하려고 애쓴 개화파의 노력은 모두 실패로 돌아갔는데, 1884년의 갑신정변이 대표적인 사례였다. 그 뒤로 청일전쟁과 러일전쟁을 거치면서 개화파의 상당수는 친일 세력으로 변모하고 말았다. 이에 반해 위정척사파 선비들은 의병을 일으켜 결연히 일본과 개화파 정부에 맞서 싸우는 모습을 보여주었다.

개화파는 근대화의 물결이 거스를 수 없는 대세임을 잘 알고 있었다. 그 흐름에서 뒤처지지 않기 위해 자주적 근대화를 도모했고, 일본을 모델로 삼아 도움을 얻고자 했으나 결국 조선을 식민지로 삼으려는 일본의 야욕에 이용만 당하고 말았다. 반면, 위정척사파는 서구와 일본의 침략성을 꿰뚫어 보았고 외부의 침략에 맞서 끝까지 용감하게 싸웠지만, 새로운 사회의 전망을 제시할 역량은 없었다.

1905년 러일전쟁 이후 일본의 침략이 노골화되자 일부 개화파 인사도 항일투쟁 전선에 뛰어들었는데 대표적인 인물이 바로 안중근 의사였다. 의병 운동을 벌이던 위정척사파 역시 상당수가 독립군으로 변신했다. 비록 조국이 일본의 손에 들어가는 걸 막지는 못했지만, 선열들의 이 같은 투쟁은 훗날 독립을 위한 밑거름을 제공했다.

● 오디세이 프리즘

여기서 우리는 아픈 기억일지언정, 조선을 침략한 일본이 어떻게 근대화를 이룩했는가를 기억해야 한다. 1854년 일본을 지배하고 있던 에도 막부는 미국 페리 제독이 이끄는 함대의 위협에 굴복해 일본의 문을 열었다. 그러자 막부와 서양에 반대하는 세력이 곳곳에서 일어났다. 그들 중에는 우리의 개화파와 비슷한 세력도, 위정척사파와 비슷한 세력도 있었다. 그런데 그들은 막부를 토벌하고 서양에 맞서 일본을 지킨다는 대의명분 아래 단결했다. 사카모토 료마라는 젊은이는 '존왕양이(尊王攘夷)'의 기치 아래 막부에 반대하는 여러 세력 간의 타협을 이끌어 냈다. 그렇게 단결한 세력이 막부를 퇴장시키고 메이지 유신을 단행하여, 끝내 우리나라까지 집어삼켰던 역사를 보면 참으로 안타깝기 그지없다.

만약 개화파와 위정척사파가 서로 갈라져 대립하지 않았다면 역사는 달라졌을까? 어쩌면 일본에게 나라를 빼앗기지 않았을지도 모른다. 그뿐 아니라 동과 서에서 각각 발달해 온 문명을 바탕으로 새로운 문명을 창조하는 일에 앞장섰을 수도 있다. 지금도 우리 사회는 서양 문명과 전통 문명이 한데 뒤섞여 부글부글 끓고 있으니 말이다.

절대 권력은 절대 부패한다

권력의 견제와 감시는
대간의 몫

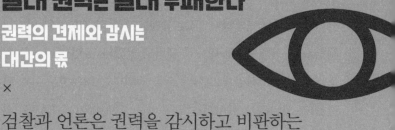

×

검찰과 언론은 권력을 감시하고 비판하는
대표적인 기관이다. 검찰과 언론이 제 역할을
다할 때 권력의 부패를 막고 민주주의 체제를
건강하게 유지할 수 있다.

검찰이나 언론처럼 권력을 견제하는 기관은
민주주의 시대에 들어와서야 생겨난
것이 아니다. 동양의 옛 왕조 시대에도
전제군주제의 부패를 막기 위해 권력을
비판하고 탄핵하는 기구들이 있었다.
'대간(臺諫)'이라고 불린 이 기구의 기능과
성격은 시대와 지역에 따라 조금씩 달라졌다.
서슬 퍼런 군주제하에서 권력을 감시하고
비판하는 게 어떻게 가능했을까?

대관은 검찰, 간관은 언론

옛날 동양에서는 지금의 검찰·언론과 비슷한 역할을 하는 기관을 '대간'이라고 불렀다. '대간'은 관리를 감찰하고 탄핵하는 어사대(御史臺)의 '대관(臺官)'과 군주에게 간쟁하는 간원(諫院)의 '간관(諫官)'에서 나온 말로, 이 대간이 제도로 확립된 것은 한나라 때였다.

'어사'라는 말은 『주례(周禮)』에 처음 등장한다. 한나라 때에 이르러 어사부, 어사대부시, 헌대라는 독립 관서를 설치하고 감찰 업무를 담당하는 대관들을 배치한 것이 당나라 때 어사대로 정리되며 후대로 이어졌다. 감찰이란 벼슬아치들이 불공정한 직무 행위를 하거나 지위를 이용해 뇌물을 받는 등의 비리를 저지르는지 감독하고 잘못이 있으면 탄핵하는 일을 말한다. 현대 한국에는 청와대 민정수석비서관실, 고위공직자범죄수사처, 감사원 등 다양한 수준에서 공직자를 감찰하는 기구들이 있다. 그 가운데 대관과 비견되는 대표적 기구는 검찰이라 할 수 있을 것이다.

황제와 대신들에 대한 간쟁을 맡은 간관은 한나라 때 산기(散騎)와 간대부(諫大夫)라는 관직을 두면서 시작되었다. 이는 곧 당·송에 이르러 문하성과 중서성에 산기상시(散騎常侍), 간의대부(諫議大夫) 같은 관리를 두는 것으로 정비되었다. 간쟁이란 진언(進言)이나 상소 따위로 잘못을 비판하고 바로잡는 행위를 가리킨다. 황제의 말과 행동까지 그 비판의 대상에 포함되기 때문에 날카로운 판단력과 함께 대담한 용기를 필요로 하는 일이었다. 오늘날의 언론에 해당한다고 할 수 있다. 이러한 대관과 간관은 송나라 때부터 감찰과 간쟁이라는 서로의 임무를 넘나들며 활동했다고 한다.

권력이 있는 곳에 대간이 있다

기록에 남아 있는 우리나라의 대간 제도는 6세기 신라 진흥왕 때로 올라간다. 당나라의 제도를 참고해 우리 실정에 맞게 재편한 것은 7세기 태종무열왕 때로 사정부(司正府)라는 기관을 두어 감찰과 탄핵을 맡겼다고 한다.

고려는 건국 초기부터 대간 제도를 정비했다. 대관 업무를 맡은 곳은 사헌대(司憲臺)나 어사대로 불렸고, 그곳에 정3품의 대부를 책임자로 두었다. 간관에 대한 기록은 대관만큼 명확하지 않다. 최고통치기관인 중서문하성에서 3품 이하 관리들은 간쟁을 담당하는 낭사(郎舍)를 구성했다. 『고려사』에 따르면 대관은 '관리를 감찰하고, 간관은 국왕을 대상으로 간쟁과 봉박(封駁), 즉 국왕에게 글을 올려 일의 옳지 아니함을 논박하는 일'을 담당했다. 그렇다면 국왕을 상대하는 간관이 대관보다 훨씬 더 배

짱이 있어야 했을 터이지만, 실제로는 중국처럼 대관과 간관이 권한과 책임을 나눠 가졌다. 이들을 아울러 언관(言官)이라고도 했다.

환관의 권력에 눌린
중국의 대간

시간이 흐르면서 중국과 한국의 대간은 차이를 보였다. 중국에서는 황제를 보필하는 환관의 위세가 커지면서 대간이 위축된 반면, 한국에서는 대간 제도가 발달하고 환관의 권력을 찾아보기 어려웠다. 중국의 황제는 천자라는 압도적 권위와 전제적 권력을 바탕으로 드넓은 영토를 다스렸는데, 이처럼 황제에게 권력이 집중되다 보니 소수의 측근들에게 힘이 생기게 되었다. 정치적 혼란기에 그러한 측근은 대부분 환관이었다. 『삼국지』에도 나오는 후한 말의 십상시와 당현종의 사랑을 독차지한 고력사(高力士)는 권력을 쥐고 국정을 농단한 대표적인 환관들이다.

명나라 때 절정에 이른 환관의 수는 중앙과 지방을 합쳐 무려 10만여 명까지 불어났다. 그러다 보니 대간의 기능은 위축될 수밖에 없었고, 황제에 대한 간쟁이나 탄핵보다는 신하들을 억압하는 감찰 권한이 커졌다. 황제를 견제하기보다는 신하들을 감찰하면서 황제권을 비호하는 어용적 성격이 강했던 셈이다.

대간 전성시대를 연 조선

조선은 대간을 정비해 사간원, 사헌부, 홍문관으로 이루어진 삼사(三司)가 간쟁과 감찰을 담당하도록 했다. 태종, 세종 등이 강력한 왕권을 행사한 조선 초기에는 대간의 역할이 두드러지지 않았지만, 세조가 조카인 단종으로부터 왕위를 찬탈한 뒤에는 왕권을 비판하고 견제하는 대간의 역할이 중시되었다.

세조의 손자인 성종은 성리학 이념에 입각해 듣기 싫은 소리도 참아내면서 삼사에 힘을 실어 주었다. 그러나 성종의 아들인 연산군은 자신과 대신들의 잘못에 대한 삼사의 비판을 끝내 참지 못하고, 두 차례나 사화를 일으켰다. 그런 연산군이 신하들에게 쫓겨난 뒤, 왕위에 오른 중종이 조광조를 대사헌으로 기용해 개혁을 시도한 일은 유명하다.

조광조의 개혁은 훈구 세력의 반발로 실패하고 만다. 그러나 삼사는 그러한 실패를 넘어 끝내 왕조의 자기정화 장치로 뿌리를 내렸다. 조선이 오백 년 넘게 유지된 것은 목에 칼이 들어와도 할 말은 하는 삼사의 간쟁과 탄핵이 제대로 작동했기 때문이라고도 할 수 있다.

❶ 오디세이 프리즘

왕조 시대의 대간과 민주주의 시대의 언론과 검찰을 똑같은 기준으로 비교할 수는 없다. 그러나 군주가 절대적인 권력을 휘두르던 시대에도 권력이 부패하는 것을 막기 위해 군주를 비판하고 탄핵하는 대간 제도를 강조했던 정신은, 지금도 유효한 가치이다.

절대 권력은 절대 부패한다는 말이 있다. 제1차 세계 대전에서 패한 뒤 가혹한 배상금에 시달리던 독일 국민은 극단적 민족주의를 내세우는 히틀러의 나치당을 지지하다 못해 절대 권력을 안겨 주었다. 그 결과가 수천만 명의 목숨을 앗아간 제2차 세계 대전이었다. 멀리 볼 것도 없이 한국인도 영구 집권을 꾀하던 이승만, 박정희가 극도로 부패하고 잔혹한 독재 정권으로 치달았던 경험을 갖고 있다. 권력을 감시하고 비판하는 검찰과 언론의 기능이 제대로 작동하고 있는지의 여부는, 한 사회가 얼마나 건강한지를 보여 주는 척도일 것이다.

중국 비단은 좋지만 유교는 싫어!

유교가 세계 종교가
되지 못한 이유

×

오늘날 중국은 무서운 속도로 성장하면서
초강대국으로 부상하고 있다. 사실 최근 백여
년을 제외하면 중국은 세계적인 부국이었고,
중국의 선진문명은 세계로 확산되어
인류문화의 발전을 선도하는 역할을 했다고
해도 과언이 아니다.
이런 생각을 하다 보면 한 가지 의문이
생긴다. 중국의 과학, 기술, 문화, 예술 등
모든 것이 세계로 확산되었는데 왜 유교는
크게 확산되지 못하고 동북아시아에서만
맴돌았을까?

세계 3대 종교가
모두 번성했던 중국

당태종, 원세조, 청 건륭제 등 세계 제국을 지향하던 중국의 전통 왕조들은 서역의 사상과 문화를 배척의 대상이 아니라 포용과 동반의 대상으로 봤다. 일례로 실크로드의 출발점이라고 할 수 있는 중국 시안에는 '대진경교유행중국비(大秦景教流行中國碑)'가 서 있다. 3미터에 가까운 거대한 자철석 비석에서 '대진'은 로마를, '경교'는 기독교를 말한다. 그러니까 대진경교유행중국비는 '로마의 기독교가 중국에서 유행한 내력을 기록한 비석'이라는 뜻이다. 실제로 635년 아라본(阿羅本)이라는 선교사가 태종에게 경전을 바치자, 태종은 감격하여 경교를 적극 권장했고, 이후 경교는 당 왕실의 보호를 받으며 더욱 융성해 갔다고 한다.

실크로드를 통해 중국에 들어와 유행한 것은 기독교만이 아니었다. 불교는 기원 전후에 중국에 들어와 상당수 왕조의 지도이념으로 기능했고, 이슬람교는 아랍에서 창시된 지 얼마 지나지 않아 바로 들어와서 회교, 청진교 등의 이름으로 널리 퍼져 나갔다. 이렇게 세계 3대 종교로 꼽히는 불교, 기독교, 이슬람교는 모두 서역으로부터 들어와 중국에서 번창했다. 당시 장안의 외국인 거주자만 5만여 명에 이르렀다고 하니, 종교뿐만이 아니라 세계 여러 문물에 열려 있던 중국의 포용력이 엿보인다.

왜 유교는
세계 종교가 되지 못했을까?

실크로드는 주로 중국이 서역에 비단을 팔아 막대한 이익을 얻은 무대였다. 해상 실크로드에서는 중국 도자기를 실은 배들이 일확천금의 꿈을 안고 빈번하게 왕래했다. 화약, 나침반, 인쇄술 등 중국 과학기술의 눈부신 성과들도 르네상스 시대에 중국에서 서역으로 흘러들어 갔다.

의아한 사실은 유교, 도교와 같은 중국 고유의 사상과 종교가 서역으로 전해지지 않았다는 점이다. 서역으로 퍼져 나간 물질문명과 달리 중국의 정신문명은 실크로드 동쪽에 머물러 있었다. 여기서 도교와 유교의 '민족주의적' 성격이 드러난다. 특히 유교는 중국 이외의 민족을 모두 오랑캐로 보는 중화사상과 결합되어 있었기 때문에 보편성을 갖기 어려웠다. 반면에 세계 3대 종교인 불교, 기독교, 이슬람교는 국가와 민족을 넘어 '하층민중'의 깊은 공감을 자아내는 평등사상을 지니고 있었다는 점에서 유교와 결정적으로 달랐다.

이는 비슷한 시기에 생겨난 불교와 유교를 비교할 때 더욱 뚜렷하게 드러난다. 기원전 6세기 무렵 중국이나 인도는 모두 신분 질서가 뿌리내린 불평등 사회였다. 불교를 창시한 석가모니는 이를 비판하며 만인에게 평등할 것을 가르쳤다. 반면 유교를 창시한 공자는 불평등한 현실을 인정하고 각자 자기 신분에서 분수를 지키며 살 것을 강조했다. 왕은 왕대로, 신하는 신하대로, 백성은 백성대로 본분을 지키라는 것이다.

개인 간의 불평등은 나라와 나라 사이에서도 마찬가지였다. 중국과 관계를 맺은 나라는 중국의 요구대로 중국의 황제를 천자로 받들고, 정기적으로 조공을 바쳐야 했다. 중국과 이 같은 사대관계를 맺고 유교국가가 된 나라도 있지만, 더 많은 나라들이 이를 거부했다. 제아무리 유교적 교양이 좋고, 잘사는 나라라도, 그로부터 이익을 얻기 위해 2등 국가가 될 수는 없다고 생각한 것이다. 철저하게 중국 중심적이었던 유교가 중국 이외의 나라에서 공감을 얻기 어려웠던 이유다.

● 오디세이 프리즘

서구의 계몽 사상가들은 중앙 집권적 근대 국가의 모델로 중국을 상정하고 그 이론적 기반으로 공자의 유교 사상을 탐구했다고 한다. 하지만 계몽사상의 진화 과정에서 시민혁명을 거쳐 형성된 근대 사상은 유교의 한계를 훌쩍 뛰어넘었고, 세계 종교 못지않게 전 세계에 그 보편성을 과시할 수 있는 자유와 인권의 사상이 되었다. 중국도 근대 이래 유교의 한계를 넘어 세계인과 함께할 수 있는 정신문명을 건설하기 위해 노력하고 있다.

왕권 국가를 무너뜨린
시민 계급의 탄생
탕평군주와 절대군주,
봉건제가 택한 두 가지 노선

×

유네스코 문화유산으로 등재된 수원 화성은
세종대왕과 더불어 가장 현명한 조선의
국왕으로 꼽히는 정조가 만들었다. 왕으로
즉위한 뒤, 뒤주에서 안타깝게 죽은 아버지의
묘를 수원으로 옮기고 계획도시인 화성을
만든 것이다. 그리고 아버지의 묘소에
성묘한다는 구실로 1789년부터 11년 동안
열두 차례나 수원에 행차했다. 이 행차는
물론 비운에 죽은 아버지에 대한 그리움
때문이었지만, 다른 한편으로는 새로운
정치의 꿈을 실현해 나가는 과정이기도 했다.

정조가 꿈꾸었던
탕평정치의 이상향

정조가 꿈꾸었던 이상 정치를 이해하려면 선왕인 영조 시대를 먼저 알아야 한다. 정조의 할아버지인 영조가 왕이 될 때 조선의 정치 상황은 아주 혼란스러웠다.

유교 사회에서 정치는 오롯이 군주의 역할이었다. 군주를 보필하는 역할을 맡은 신하들은 자기들끼리 붕당을 만드는 것이 금기시되었다. 그런데 12세기 중국의 북송에서 구양수, 주희 등이 붕당정치를 뒷받침하는 이론을 내놓았다. 신하들이 소인의 붕당이 아닌 군자의 붕당을 결성해서 왕도 정치를 펼쳐 나가면 된다는 것이다. 바로 그런 붕당정치의 논리가 16세기 조선에서 부활했다. 처음에는 동인과 서인이란 붕당이 생기고, 동인은 다시 남인과 북인으로, 서인은 노론과 소론으로 나뉘었다. 이를 사색당파라고 한다.

붕당정치의 긍정적인 효과가 발휘되면 견제와 균형을 통해 국정을 잘 펼칠 수 있지만, 자칫하면 극한투쟁으로 혼란을 야기할 수 있다. 그런 폐단을 알고 붕당정치를 제어하려 했던 영조는 탕평의 논리를 내세워 왕권을 강화했다. 군주가 광명정대한 정치를 펴면 당파가 있을 수 없다는 것이다.

영조의 탕평을 이어받은 정조는 왕권을 강화하기 위해 규장각을 만들어 인재들을 모았으며 장용영이라는 국왕의 직속부대를 설치했다. 규장각과 장용영의 인재들은 정조를 뒷받침하는 정치 세력이 되었다. 더 나아가 정조는 시전 상인이 가지고 있던 특권을 폐지해 누구나 자유롭게 장사를 할 수 있게 했다. 이렇게 왕권 중심의 기반을 다진 정조가 자신의 꿈을 이루기 위해 만든 도시가 바로 화성이었다. 정조는 많은 수의 상인과 수공업자를 화성으로 이주시켰다.

그러나 탕평군주 정조는 어디까지나 유교적 신념으로 가득한 군주였다. 상업의 성장을 돕긴 했으나 상업 계층에서 자신의 기반을 찾으려 하지는 않았다. 그의 정치적 기반은 어디까지나 유교적 교양으로 무장한 양반 관료들이었다. 이것이 어쩌면 조선이 19세기 들어 근대화에 뒤처진 한 가지 이유일 수 있겠다.

태양왕 루이 14세의 절대왕정

영조와 정조가 활약하던 18세기 프랑스에도 그들과 비슷하게 왕권을 강화한 군주들이 나타났다. 세상에서 가장 화려한 궁전이라는 베르사유 궁전을 만든 루이 14세가 그 대표 주자였다. 그는 태양왕이라 불리면서 절대적인 권력을 휘둘렀다. 16세기부터 18세기까지 서양 여러 나라에서 절대왕정이 나타났는데, 영국의 엘리자베스 1세, 나중에 독일이 되는 프로이센의 프리드

리히 등도 여기에 속한다.

절대군주의 정치적 기반은 관료제와 군대였다. 관료들은 왕의 명령을 전국에 전달했고, 항상 왕의 명령을 기다리고 있는 군대인 상비군은 군주에게 반항하는 세력을 무력으로 제압했다. 이런 기반 위에서 절대군주는 왕의 권력은 신이 주었다는 '왕권신수설'을 내세워 왕권을 강화했다. 그전까지 왕의 경쟁자였던 귀족 세력이나 교회의 사제들은 이제 이빨 빠진 늙은 호랑이 신세가 되었다. 그런데 절대군주는 절대 권력을 유지하기 위해 관료와 군인들에게 두둑한 월급을 주어야 했다. 그 돈은 세금으로부터 나왔지만 재산이 많은 귀족들은 세금을 한 푼도 내지 않았기 때문에 왕은 세금을 내줄 부유한 계층이 필요했다. 그것이 바로 중세의 제3신분을 대표하는 시민계급이었다.

시민계급은 도시에 살면서 상업과 공업에 종사했다. 절대군주들은 이들 상공업자가 안심하고 일할 수 있는 조건을 마련해 주었다. 먼저 귀족들이 그들을 건드리지 못하도록 보호해 주었고, 국립공장이나 매뉴팩처를 세워 상공업자들에게 특혜를 주었다. 또 그들을 보호하기 위해 외국으로부터 제품 수입을 금지하고 수출을 적극적으로 장려했다. 이렇게 국가가 나서서 적극적으로 상공업을 장려하는 정책을 중상주의라고 한다.

절대왕정의 중상주의 정책으로 시민계급은 강력한 세력으로 성장할 수 있었다. 그들은 국가에 세금을 납부해 절대왕정의 기반을 튼튼히 해주었다. 그리고 일부는 직접 관료가 되어 왕의 명령을 수행하는 역할까지 했다.

절대왕정은 무너져 가는 봉건귀족과 새롭게 강해지는 시민계급의 균형 위에 성립했다. 아직 어느 세력도 상대를 완전히 제압하지 못한 채 눈치를 보고 있던 그때, 떠오르는 시민계급이 절대왕정을 완전히 무너뜨리는 시민혁명은 점차 다가오고 있었다. 자신이 기반으로 삼은 시민계급에 의해 타도된 절대왕정… 그것은 결론적으로 봉건제에서 근대 자본주의로 넘어가는 과도기였다고 할 수 있다.

● 오디세이 프리즘

탕평군주와 절대군주는 둘 다 중세 말기에 등장한 강력한 왕권이지만, 두 군주제 사이에는 결정적인 차이가 있었다. 바로 새로운 정치세력이 성장했느냐 아니냐는 것이다. 서양에서는 새로운 시민계층이 성장해 절대왕정의 후원 아래 세력을 강화시켜 갔다. 영조와 정조는 새로운 정치를 시도했지만 새로운 사회를 만들 세력을 키우지는 않았다. 그들은 기본적으로 성리학자였고 성리학에 뿌리를 둔 조선의 전통 문화에 큰 자부심을 가지고 있었기 때문이다. 이는 역설적으로 조선의 구세력인 양반이 서양의 귀족보다 더 강력하고 안정적이었기 때문이라고 할 수 있을 것이다.

탕평군주와 절대군주의 이 같은 차이는 18세기 말 이후 유럽과 조선이 겪은 역사적 진로의 차이로 나타났다. 프랑스에서는 절대왕정의 비호 아래 성장한 시민계급이 바로 그 절대왕정과 귀족 계층을 타도하는 시민혁명을 일으킨 반면, 조선에서는 정조 사후에도 양반 세력이 정치적·경제적 권력을 굳게 틀어쥐고 새로운 계층의 진출을 제어했다. 오랜 전통 위에서 지적으로 단련된 엘리트가 존재하던 조선에서 시민혁명과 같은 근본적 변화는 더 많은 시간을 필요로 하고 있었다고 볼 수 있겠다.

쇠락하는 국가, 소생하는 국가

유목민과 정착민을 보는
새로운 관점

×

어린 시절 배운 교과서를 떠올리면, 유목민과
자연스럽게 연결되는 것은 초원 지대에서
말을 타고 떠돌다가, 갑자기 들이닥쳐 정착
문명을 쑥대밭으로 만들어 버리는 무리들이다.
거란, 여진, 몽골 등 숱한 유목민의 침략을
받았던 우리네 역사를 떠올려 보면 일부분
맞는 이야기이기도 하다. 하지만 유목민을
무조건 침략만 일삼던 무리로 보기는 어렵다.
유목민이 역사의 발전에 기여한 측면도
상당하고, 우리가 알지 못하는 측면 또한 많기
때문이다.

유목민과 정착민,
어떻게 나뉘었나?

인류는 본래 모두가 사냥과 채집을 하며 이리저리 옮겨 다니는 떠돌이였다. 그러다가 우리가 다 알고 있는 것처럼 일만 년 전 무렵 빙하기가 끝나면서, 일부 무리들이 물가를 중심으로 모여 살며 농사를 짓기 시작했다. 일반적인 생각과는 반대로, 정착민이 유목민보다 뒤늦게 등장한 것이다. 이렇게 정착한 인류가 일으킨 문명 중 대표적인 것이 바로 이집트, 메소포타미아, 인도, 중국에 나타난 이른바 4대 문명이다.

그런데 정착해서 농사를 짓고 싶어도 그럴 수 없는 사람들이 있었다. 유라시아 대륙 중앙부와 북쪽의 사막이나 초원 지대에 사는 사람들이었다. 이 지역에서는 농사를 지을 수 없었기 때문에, 그들은 가축을 기르며 떠돌이 생활을 계속했다. 이런 생활 방식을 '떠돌아다니면서[遊] 가축을 기른다[畜]'고 하여 '유목'이라고 부른다.

그리하여 유라시아 대륙의 인류는 북방 초원지대의 유목민과 남방 농경지대의 정착민으로 나뉘었다. 정착민은 필요한 것을 스스로 생산하며 자급자족했지만, 유목민은 그렇지 못해 정착민과 교역을 해야 했다. 문제는 두 집단의 거래가 원활하게 이루어지지 않을 때였는데, 그럴 때 유목민은 살기 위해 정착민을 약탈하러 나섰다.

정착민을
못살게 군 유목민?!

당시 유라시아 대륙의 북방에는 무수히 많은 유목민이 있었다. 그 가운데 크게 세력을 키워 국가를 세운 유목민은 세 부류로 나뉜다. 먼저, 한나라와 대결하며 우리 고조선하고도 한때 관계를 맺었던 '흉노', 당나라와 대결하며 우리 고구려와 관계를 맺었던 '돌궐'이 있다. 흉노와 돌궐은 터키 계통으로 분류되고, 고려에 쳐들어왔던 거란과 몽골은 흔히 몽골 계통으로 통칭한다. 고구려나 발해의 지배를 받다가 고려 때 세력이 커져 금나라를 세운 여진족은 퉁구스 계통이라고 한다. 만주를 본거지로 하는 여진족은 나중에 청나라를 세워 조선을 침략하고 인조에게 항복이라는 굴욕을 안기기도 했다.

유목민의 국가는 이처럼 우리나라를 비롯한 여러 민족과 애증의 관계를 맺어 왔다. 특히 땅이 넓고 물산이 풍부한 중국은 유목민에게 가장 큰 표적이 되곤 했다. 그 가운데 흉노와 돌궐은 중국과 맞먹는 대제국을 이룩했지만, 결코 유목 문화를 포기하지 않았다. 이들은 화려한 중국 문화를 모방해 거대한 궁궐이나 성을 쌓는 대신 유목생활을 계속했다.

이와 반대로, 거란과 여진은 훗날 중국의 일부를 정복한 뒤요, 금과 같은 중국식 왕조를 세우고 중국 문화를 받아들였다. 특히 거란족은 스스로를 '키타이'라고 불렀는데, 오늘날 러시아에서 중국을 가리키는 말이 바로 키타이다. 러시아 같은 서쪽 나라에는 거란이 곧 중국으로 알려질 만큼 엄청난 세력을 이뤘던 것이다. 요, 금처럼 중국을 정복한 유목민 국가를 '정복 국가'라고 한다. 특히 몽골이 세운 원나라, 나중에 여진이 세운 청나라는 중국 전역을 완전히 정복하고 지배하기도 했다.

스케일 큰 유목국가 세계를 품다

이렇게 정착민의 국가와 대결을 벌여 온 유목민이 역사에 기여한 점이 있다면 무엇일까? 그들은 기득권을 지키는 데 급급했던 중국의 정착민 왕조보다 좀 더 개방적이고 다양성을 존중하는 모습을 보였다. 중국의 역대 왕조들은 중국이 세계의 중심에 있는 유일한 문명 국가라는 중화 사상에 사로잡혀 있었다. 그래서 중국만 문명 국가이고, 주변 세계는 다 오랑캐라고 멸시했다. 흉노나 거란과 같은 유목민은 말할 것도 없고, 우리 조상들 역시 '동이'라고 불리며 오랑캐 취급을 받았다.

그러나 중국을 정복한 유목민의 국가들은 이전의 중국 왕조와 달랐다. 원나라와 청나라는 중국 문화를 존중하고 이를 받아들였지만, 그들이 본래 갖고 있던 유목민의 문화와 세계관도 버리지 않았다. 정착 문명과 유목 세계를 아우르는 대담한 스케일 아래 중국 중심의 유교 세계뿐 아니라 티베트, 미얀마 등의 불교 세계, 그리고 드넓은 북방의 유목 세계를 하나로 묶었다. 이 점은 유목민인 선비족의 피를 물려받은 당나라의 태종도 마찬가지였다. 태종은 이민족을 차별하는 중화사상을 비판하고, 모든 민족을 포용하는 태도를 가졌기 때문에, 중국의 역대 왕조 가운데 가장 개방적인 세계 제국을 이룩할 수 있었다.

● 오디세이 프리즘

14세기 이슬람의 역사학자 이븐 할둔은 이렇게 말했다. "정착민의 국가는 화려한 문명을 꽃피우다가 점점 타락하고 쇠약해져 간다. 그러면 원시적 생명력과 연대의식으로 무장한 유목민이 일어나 정착민 국가를 정복하고 타락한 문명을 정화한다. 그렇게 문명화된 새 왕조가 다시 문명에 취해 타락하면, 또 다른 유목민이 일어나 그 타락한 문명에 새 활력을 불어넣는다."

이븐할둔의 말대로 문명 세계에서 사라진 '원시적 생명력'과 '연대의식'이야말로 유목민의 최대 장점이었다. 이들은 그 힘으로 때때로 타락한 문명 세계를 정화했다. 오늘날 그러한 유목국가는 사실상 사라졌지만 역사 속 유목민들의 역할은 충분히 되새길 가치가 있다. 그들은 문명에 취해 자기만 최고로 알고 주변 민족을 업신여기던 대국들을 응징하고, 다양하고 개방적인 세계관을 보여 주었다. 그리고 이렇게 다양성을 존중했을 때 얼마나 성장하고 발전할 수 있는지를 증명해 냈다. 유목민들의 발자취야말로 '다문화' 시대를 살고 있는 우리에게 필요한 가르침이 아닐까.

3부
침략과 정복의
오디세이

역사의 중대한 분기점에는 늘 전쟁이 있었다. 인간 본성의 이면, 뒤섞이고 흩어진 민족의 뿌리, 승리자에 의해 기록된 역사 왜곡은 모두 침략과 정복의 오랜 역사가 알려 준 교훈이다. 그러나 전쟁의 역사를 읽을 때 무엇보다도 주목해야 할 것은 인류가 영원히 딛고 일어서야 할 부끄러운 과거일 것이다.

전쟁의 승패를 바꾼 영웅들

오디세우스의 머리와
아킬레우스의 심장으로

×

당신은 스스로를 어떤 유형의 리더라고
생각하는가? 옳다고 생각하는 것은
좌고우면하지 않고 직선적으로 밀어붙이는
저돌적인 리더인가, 아니면 얄미울 만큼
철저하게 계산하고 신중하게 판단한 뒤
행동에 옮기는 지적인 리더인가?
여기 리더의 두 가지 유형을 보여 주는
트로이전쟁의 영웅들이 있다.

전쟁의 승패 따윈
관심 없어!

한 명은 그리스 최고의 전사 아킬레우스이다. 트로이전쟁이 시작된 지 9년째 된 어느 날, 트로이에 있는 아폴론 신전의 사제가 몸종으로 잡혀 있던 딸을 되찾기 위해 그리스군 총사령관 아가멤논을 찾아갔다. 아가멤논이 그 청을 일언지하에 거절하자 사제는 아폴론 신에게 기도를 올렸다. 아폴론은 지체 없이 그리스 진영을 향해 전염병의 화살을 날렸다.

그리스 진영에 전염병이 창궐하자 그리스 최고의 전사 아킬레우스가 나서 아가멤논에게 사제의 딸을 돌려줄 것을 요구했다. 심기가 상한 아가멤논이 아킬레우스가 아끼던 여인마저 빼앗자 아킬레우스는 자신을 무시한 대가를 치르게 해주겠다면서 전장에서 물러나 버렸다. 아닌 게 아니라 아킬레우스 없는 그리스군은 그때부터 연전연패에 빠졌다. 아킬레우스 없이는 그리스군이 트로이 전쟁에서 승리할 수 없다는 그리스 예언자 칼카스의 예언이 현실이 된 것이다.

나라의 명운보다 개인의 자존심을 우선시한 아가멤논도 마찬가지지만, 상관이 마음에 들지 않는다고 아군이 패배에 빠지도록 내버려 둔 아킬레우스의 행동 또한 선뜻 이해하기 힘들다. 그러나 고대 그리스인은 이런 아킬레우스를 최고의 영웅으로 찬양했다. 도대체 왜 그랬을까?

승리를 위해서라면
속임수쯤이야

저돌적인 아킬레우스와 달리 신중한 면모가 돋보이는 또 다른 영웅은 오디세우스이다. 그는 지칠 대로 지친 그리스군을 보며 꾀를 짜냈다. 그는 거대한 목마를 트로이 성문 앞에 놓고 군대를 철수시켰다. 트로이 사람들은 그 목마의 정체를 놓고 갑론을박을 벌였지만. 결국 패배를 인정한 그리스군이 떠나면서 주고 간 선물이라고 결론짓고 목마를 성안으로 끌어들였다. 그 다음은 우리가 잘 알고 있는 이야기다. 트로이 사람들이 밤새도록 잔치를 벌이다가 곯아떨어지자 목마 안에 숨어 있던 그리스군이 내려와 성문을 열었고, 몰래 돌아와 대기하고 있던 그리스군은 무방비 상태의 트로이를 파괴하고 불태웠다.

오디세우스는 전쟁을 승리로 이끈 지장임이 분명하다. 그러나 호메로스를 비롯한 고대 그리스인은 아킬레우스에 비해 오디세우스를 높이 평가하지 않았다. 게다가 오디세우스라는 이름 자체가 '미움 받은 자'라는 뜻이다. 이 이유는 또 무엇일까?

전진하는 청년의 상
아킬레우스

아킬레우스의 진가는 사랑하는 친구의 죽음을 통해 발휘된다.

그의 친구 파트로클로스는 패배에 빠진 그리스군을 보다 못해 아킬레우스의 갑옷을 입고 출전했다가, 트로이 제일의 용사 헥토르에게 목숨을 잃는다. 아킬레우스가 친구의 죽음에 오열하며 전장에 나가 닥치는 대로 트로이군을 도살하고 헥토르를 죽이는 장면은 호메로스의 서사시『일리아스』의 압권을 이룬다. 정작 아킬레우스가 발뒤꿈치에 화살을 맞아 요절하는 장면은 이 서사시에 나오지도 않는다.

여기서 고대 그리스인이 아킬레우스를 사랑한 이유가 드러난다. 그들에게 어떤 성과를 내는지보다 중요한 것은 후퇴와 패배를 모르고, 부당한 권위에 굴복하지 않는 태도이다. 오로지 자신의 느낌과 생각대로 전진하는 청년의 상. 이런 아킬레우스야말로 청년처럼 상승하던 고대 그리스인이 소중하게 여긴 가치를 구현한 영웅으로 다가왔던 것이다. 30대에 요절한 알렉산드로스 대왕의 이미지가 아킬레우스와 겹치는 것도 그런 이유이다.

앎을 사랑한 리더
오디세우스

고대 그리스인은 직선적이고 솔직한 아킬레우스와 달리 속임수로 승리를 따낸 오디세우스를 미워했다. 그가 전쟁이 끝나고 10년 동안이나 표류한 것도 신들의 미움을 받았기 때문이라고 생각했다. 이렇게 미움을 받던 오디세우스가 지적인 리더로 평가받게 된 것은 고대 그리스가 기울기 시작한 뒤였는데, 근대에 들어와서는 적극적인 재평가가 이루어지기까지 했다.

오디세우스의 진가는 험난한 항해 도중에도 나타난다. 어느 날 그의 배가 세이렌이라는 요정들이 노래를 부르는 해역을 지나게 되었다. 세이렌의 노래에는 환상적인 마력이 있어서 듣는 사람이 바다에 몸을 던지게 한다는 이야기가 전해지고 있었다. 그 노래를 듣고 싶었던 호기심 많은 오디세우스는 부하들의 귀를 막고 자신을 돛대에 묶게끔 명령했다. 세이렌의 노래가 들려오자 오디세우스는 몸을 뒤치며 풀어 달라고 절규했지만, 미리 지시를 받은 부하들은 모른 척했다. 결국 오디세우스는 자신과 부하들의 목숨을 바치는 일 없이 호기심을 풀 수 있었다.

근대의 지식인들에게는 바로 이러한 면모가 매력으로 다가왔다. 오디세우스는 영어로 오디세이(Odyssey)라고 하는데, 이 말은 오늘날 방황, 탐험이라는 뜻부터 진리 탐구를 위한 지적 탐험을 뜻하는 말까지 다양하게 사용되고 있다.

❶ 오디세이 프리즘

정직에는 용기가 따른다. 아킬레우스는 성공과 실패에 구애받지 않고, 심지어는 자신의 목숨도 아랑곳하지 않고, 부당한 권위에 저항하고 자신에게 소중한 가치를 향해 전진했다. 고대 그리스인이 아니라도 이런 정의감과 저돌성은 모든 리더에게 필요한 덕목이다. 그러나 아킬레우스가 전투에서 빠지면서 초래한 치명적 타격을 생각하면, 조직과 구성원을 책임져야 하는 리더에게는 분명 그 이상의 것이 필요하다. 지혜롭게 난관을 돌파하고 안전하게 정보를 얻어내는 오디세우스의 능력 말이다. 플라톤은 일찍이 오디세우스가 승리를 위해 사용한 속임수는 '좋은 거짓말'이라고 평가했다.

오늘날의 리더들에게 아킬레우스와 오디세우스의 상반된 모습은 취사선택의 대상이 아닌 함께 겸비해야 할 덕목이다. 그러고 보니 이 둘은 리더라면 당연히 가져야 할 덕목의 양면을 보여주기 위해 고대 그리스인이 오랜 세월에 걸쳐 창조해 낸 캐릭터인 것은 아닐까?

실크로드의 악마 혹은 문화유산의 수호자
천년의 보물을 품은 둔황 막고굴

×

유럽과 아시아를 잇는 중앙아시아의
실크로드에는 먼 옛날부터 이어진 동서양
문화 교류의 유산들이 곳곳에 남아 있다.
영국의 역사학자 피터 홉커크는 이 일대에
뛰어들어 수많은 문화재를 반출해 간 서양과
일본의 탐험가들을, '실크로드의 악마들'로
묘사한 바 있다. 문화유산을 훼손하고
훔쳐갔기 때문이다.
그러나 정작 탐험가 본인들은
자신들이야말로 사라져 가던 유물을 찾아내고
보존한 문화유산의 수호자라고 반발하지
않을까?

천 년의 세월을 품은 장경동
판도라의 상자가 열리다

둔황은 고대 중국에서 실크로드로 가는 관문이었다. 둔황 일대 사막 지대의 산에는 무려 735개의 석굴이 뚫려 있는데, 이를 아울러 막고굴(莫高窟), 더 이상 숭고할 수 없는 굴이라고 부른다. 천 년에 걸쳐 조성된 석굴들에는 총면적 4만 5000평방미터에 이르는 벽화와 2415존의 불상이 자리 잡고 있는데 그야말로 실크로드 미술의 보고라 할 수 있다.

1900년, 도교의 도사였던 왕원록은 이곳의 16호굴을 청소하다가 이 굴과 연결되어 있는 작은 굴을 발견했다. 그 안에는 불경, 불화, 각종 법기(法器)와 함께 고문서 5만여 건이 들어차 있었다. 11세기 초, 전란으로 막고굴이 훼손될 위기에 처하자 승려들이 그 보물들을 작은 굴에 넣고 입구를 벽으로 막은 것이다. 이 작은 굴을 경전을 숨겨 놓은 굴이라는 뜻에서 '장경동(藏經洞)'이라고 한다. 천 년 가까이 닫혀 있던 판도라의 상자가 열린 것이다.

이런 엄청난 문화재가 발견되지 못했던 건 11세기 이후로 이어진 불교 탄압때문이었다. 승려들이 잠시 숨기고자 했던 보물은 당나라의 세력이 기울고 해상 실크로드가 육상 실크로드를 대체하기 시작하며, 둔황의 번영했던 과거와 함께 서서히 잊혀져 갔다.

둔황학의 메카가 된
대영박물관

1907년 영국의 고고학자 오렐 스타인은 탐험대를 이끌고 중앙아시아에서 발굴을 진행하고 있었다. 그때 우연히 손에 넣은 둔황 고굴의 불경이 당나라 것임을 알아본 스타인은 바로 막고굴로 달려갔다. 고굴 관리자인 왕원록을 찾아간 스타인은 도교 사원 짓는 것을 돕겠다고 해서 신임을 얻고, 장경동에 들어가 불경 사본 24상자와 예술품 5상자를 챙겼다. 그 대가는 종이 값에 불과한 은전 200냥이었다. 7년이 흐른 뒤 스타인은 다시 한 번 막고굴을 찾아 은전 500냥을 내고 고문서 570묶음을 반출했다.

이쯤 되면 스타인은 남의 나라에서 최고의 문화재를 빼돌린 도둑이요 악마가 맞는 것 같다. 그런데 스타인이 그렇게 빼돌린 보물 대부분을 영국박물관과 인도의 박물관에 기증하는 바람에 오늘날 영국박물관은 둔황 관련 문화재만 1만 3700건을 소장하고 있는 둔황학의 메카가 되었다. 영국박물관 사람들은 스타인과 자신들이 아니었으면 그 문화재들이 더 훼손되고 사라졌을지 모른다고 주장한다.

덧붙이자면, 우리가 보통 대영박물관이라고 부르는 박물관의 원명은 The British Museum이다. 지금은 존재하지도 않는 대영제국인데 우리가 구태여 '대영박물관'이라는 호칭을 유지할 필요가 있을지 의문이 든다.

프랑스 학자가 중국에서 발견한
혜초의 왕오천축국전

스타인 다음 타자는 프랑스의 고전학자 폴 펠리오였다. 막고굴 소식을 들은 그는 바로 둔황으로 달려갔다. 펠리오는 한문학에 식견이 풍부했기 때문에 3주 동안 장경동에 머무르며 문헌들을 상세히 조사했다. 스타인이 통역에 의존하느라 소홀히 넘긴 진귀한 경전들, 가치를 따지기 어려운 6000권의 사본과 화집이 그의 손에 들어갔다. 펠리오는 이 보물들을 큰 차 열 대에 가득 싣고 파리로 옮기게 했다. 그때 펠리오가 들인 돈은 스타인이 두 차례에 걸쳐 지출한 것보다 적은 은전 600냥이었다.

둔황 문서가 가진 최고의 가치 가운데 하나는 다른 곳에서 찾을 수 없는 고대 학설과 옛 사람의 주해(註解)를 간직하고 있다는 점이다. 펠리오는 이 희귀한 자료들을 대부분 파리국립도서관에 기증했는데, 그중 하나가 바로 『왕오천축국전』이었다. 8세기 신라의 고승 혜초가 인도를 순례하고 중국으로 돌아와 쓴 이 여행기의 사본 단 한 부가 장경동 안에 남아 있다가 펠리오의 눈에 띄었던 것이다.

많은 사람이 『왕오천축국전』의 국내 반환을 위해 노력했지만, 이는 문화재를 발굴하고 보존해 온 자신들 것이라는 프랑스의 태도는 확고하다. 과연 펠리오는 남의 보물을 헐값에 빼돌린 도둑일까, 아니면 사장될 뻔한 문화재를 구해 낸 수호자일까?

국립중앙박물관에 남은
둔황의 보물들

스타인과 펠리오의 뒤를 이어 많은 탐험가가 둔황에 들이닥쳤다. 1914년 러시아 불교학자 올덴부르크는 이미 비어 버린 장경동을 뒤져 돈황 문서의 편린을 1만여 개 가량 수거한 뒤 러시아 과학기술원 동방학연구소에 기증했다. 그뿐 아니라 올덴부르크는 멀쩡한 벽화까지 떼어 내 가져갔다. 1923년 미국 하버드대학교의 랜든 워너는 점착테이프를 이용해 벽화 전체, 혹은 벽화의 도상 26점을 떼어 냈다.

실크로드의 탐험가 하면 일본의 오타니 고즈이를 뺄 수 없다. 니시혼간지라는 절의 주지였던 오타니는 탐험대를 조직해 둔황을 비롯한 실크로드 곳곳에서 유물을 수집했다. 5000점에 이르는 오타니 컬렉션 가운데 삼분의 일은 조선 총독 데라우치 마사타케에게 기증됐던 것이 해방 후 일본으로 돌아가지 못하고 우리나라 국립중앙박물관에 남아 있다. 그래서 우리나라도 본의 아니게 실크로드의 보물들을 소장하고 있는 외국 명단에 이름을 올리게 되었다.

❶ 오디세이 프리즘

절도나 약탈 등으로 인하여 해외로 반출된 문화재들을 본래 연

고지로 반환하기 위한 국제 협약들은 이미 있다. 1995년 이탈리아 로마에서 채택된 국제사법통일연구소협약이 대표적이다. 그러나 이 협약은 법적 강제성이 없어 문화재 환수는 아직도 인류의 숙제로 남아 있다. 가끔 정말 이 협약이 실행되면 해외 문화재로 가득한 영국박물관이나 프랑스의 루브르박물관 같은 곳이 어떻게 될까 생각하곤 한다. 그때가 되면 스타인, 펠리오, 오타니 등에 대한 평가도 새롭게 내려질 것이다. 물론 우리도 소장하고 있는 실크로드의 보물들을 고향으로 보내줘야 할 터이다. 2018년 4월 기준으로 17만 점이 넘는 것으로 파악되는 해외 소재 한국 문화재 역시 돌려받게 되는 날이 올까?

영화 「뮬란」이 터키에서 상영 금지된 이유는?

터키와 중앙아시아에 뿌리 내린 흉노와 돌궐의 유산

×

디즈니가 만든 애니메이션 영화 「뮬란」의 주인공은 중세 중국의 여전사이다. 뮬란은 흉노가 쳐들어오자 아픈 아버지 대신 전장에 나가 공을 세운다. 그런데 세계적으로 큰 인기를 끌었던 이 영화가 터키에서는 상영이 금지되었다. 터키 사람들이 조상으로 여기는 흉노를 너무 흉측하고 야만적으로 그렸다는 이유였다. 터키인들은 왜 흉노를 조상이라고 생각하는 걸까?

몽골에서 터키까지, 흉노의 탄생과 몰락

흉노는 본래 지금의 몽골 초원에서 살아가던 유목민이었다. 그 세력은 한때 지금의 중국 칭하이성과 간쑤성까지 들어와 중국 왕조를 위협할 정도였다. 항우를 무찌르고 중국 천하를 통일한 유방조차 40만 대군을 이끌고 흉노를 정벌하려다가 도리어 흉노에게 포위당해 죽을 뻔했다. 유방의 후손인 한무제가 실크로드를 개척한 것도 흉노에 맞서 연합전선을 꾸리기 위해서였다. 그때까지만 해도 한나라는 흉노에게 매년 공물을 바치고 공주를 시집보내는 등 열세를 면치 못했다.

200년 넘게 계속된 흉노와 한나라의 치열한 접전은 한무제가 위청, 곽거병 같은 맹장을 동원해 흉노를 몽골고원으로 밀어내며 끝을 보이기 시작했다. 우리 조상이 세운 고조선은 바로 이 흉노와 연합해 한나라에 맞서려고 했다가 한무제의 침공을 받아 멸망하고 말았다. 한나라의 공세에 밀린 흉노의 일부는 서쪽으로 이동하고, 다른 일부는 중국으로 흡수되어 갔다. 당시 서쪽으로 간 흉노 부족들이 어떻게 되었는지는 정확히 알 수 없다. 서기 4~5세기에 유럽에는 훈족이라는 유목민이 등장했는데, 그 훈족이 바로 흉노의 후손이라는 설이 있다.

아틸라라는 지도자 아래에서 강력한 세력을 이룬 훈족은 서방으로 진출했다. 그런 훈족이 다뉴브강 동쪽에 있던 게르만족을 밀어붙이는 바람에 그 유명한 '게르만족의 대이동'이 일어났다. 터키인들은 당시 훈족이 오늘날의 터키 지역에 정착해 자신들의 조상이 되었다고 믿는다. 훈족이 흉노의 후손이라는 설이 맞다면, 흉노는 터키인의 먼 조상이 되는 셈이다.

돌궐은 튀르크
튀르크예는 터키

한나라가 흉노라는 유목민과 실크로드를 놓고 대결했다면, 당나라와 대결한 유목민은 돌궐이었다. '돌궐'은 '튀르크'라는 종족 이름을 한자로 옮겨 놓은 말이다(돌궐의 한자어인 突厥는 중국어로 tou kie라고 발음한다). 우리가 영어 발음으로 알고 있는 '터키'를 현지인들은 '튀르키예'라고 부르는데 이는 '튀르크의 나라'라는 뜻이다. 이름만 놓고 보면 흉노와 터키는 무슨 관계인지 알 수 없지만, 돌궐은 확실히 터키와 관계가 있다는 걸 짐작할 수 있다.

흉노가 사라진 뒤 몽골 초원에서 일어난 돌궐은 세력을 넓히는 과정에서 동쪽의 동돌궐과 중앙아시아로 뻗어나간 서돌궐로 나뉘었다. 둘로 나뉜 돌궐은 양쪽 칸의 경쟁으로 내란을 일으키는 사이 점점 약화되었고, 결국 중국 당태종에 의해 차례로 멸망하고 만다. 역사는 반복된다고 했던가. 그 옛날 고조선이 흉노와 연합하려 했던 것처럼, 당나라와 사이가 좋지 않았던 고구려는 한때 돌궐과 친하게 지냈지만, 돌궐이 망하면서 고구려도 결국 당나라의 공격에 무너지고 말았다.

훗날 당나라가 망한 뒤 다시 일어난 돌궐은 한동안 중앙아시아를 호령하기도 했지만, 다시 세력을 잃으면서 뿔뿔이 사방으로 흩어지고 말았다. 그 가운데 가장 큰 세력이 오늘날의 터키로 들어가 또 다른 터키인의 조상이 되었다. 당시 터키에 도착한 돌궐 부족 가운데 일부는 이슬람교를 받아들이고, 셀주크튀르크라는 왕조를 세웠다. 셀주크튀르크가 멸망한 다음에는 오스만이라는 튀르크계 가문이 제국을 일으켰다. 오스만 제국은 터키뿐 아니라 서아시아, 북아프리카, 동유럽을 아우를 정도로 큰 나라였다. 이 오스만 제국이 쇠퇴한 뒤 등장한 것이 바로 오늘날의 터키 공화국이다.

투르키스탄과 신장웨이우얼자치구

멸망한 돌궐은 터키뿐 아니라 중앙아시아 곳곳으로 퍼져 나갔다. 그리고 다른 여러 민족과의 융합을 거치며 수많은 돌궐계 민족이 생겨났다. 오늘날 중앙아시아에 살고 있는 위구르족, 카자흐족, 키르기스족 등이 바로 그러한 돌궐계 민족이다. 구소련에 속해 있다가 독립한 아제르바이잔, 카자흐스탄, 키르기스스탄, 우즈베키스탄 등은 바로 이같은 돌궐계, 즉 튀르크계 민족이 중심이 되어 세운 나라들이다. 이 때문인지 오래 전부터 중앙아시아를 가리켜 '투르키스탄'이라고 부르기도 했다. 여기서 '투르키스탄'이란 '튀르크의 땅'이라는 뜻으로, 돌궐계 민족들이 사는 곳이라는 말이다. 이렇게 보면, 오늘날 터키와 중앙아시아의 여러 나라는 서로 '형제 국가'라고도 할 수 있다.

오늘날 중앙아시아는 둘로 나뉘어 서쪽은 구소련에서 독립한 나라들, 동쪽은 중국의 신장웨이우얼자치구를 이루고 있다. 신장웨이우얼자치구는 중국에 편입되기 전, 잠깐 '동투르키스탄공화국'이라는 이름으로 독립한 적도 있다. 그래서일까. 이곳에서는 최근까지도 중국으로부터 분리와 독립을 원하는 위구르족과 다른 소수민족들의 갈등이 일어나곤 한다.

2015년, 태국 정부가 자국으로 망명하려던 위구르족을 중국의 압력으로 돌려보낸 일이 있었다. 그러자 뜻밖에도 터키에서 '반중 시위'가 벌어졌다. 시위대가 한국인 관광객을 중국인으로 오해하여 폭행한 사건이 우리나라 뉴스에 보도되기도 했다. 이런 시위가 벌어진 이유는 터키인들이 돌궐의 후손인 위구르족을 형제의 민족이라고 생각하기 때문이다. 이런 내용을 알고 보면 터키인들이 왜 멀리 떨어진 중국의 위구르족을 감싸는지 이해가 된다.

역사는 '과거, 현재, 미래의 대화'라는 말이 있다. 역사적 뿌리와 내력을 알면 지금의 국가 간 갈등관계를 이해하고, 또 세계의 판세를 읽어 내는 데 도움이 되기 때문이다. 앞에서는 터키와 중앙아시아의 몇몇 나라, 그리고 중국의 위구르족 사이에 존재하는 '돌궐의 후예'라는 정서적 공감대가 오늘날 터키와 중국의 갈등을 이해하는 데 도움을 주었다. 바라건대 역사적 뿌리와 내력을 나라와 민족 사이에 편 가르기를 하는 데 이용하기보다는 오히려 서로를 더 잘 이해하는 디딤돌로 삼았으면 한다.

임진왜란에 대한
오해와 진실
화약, 전쟁의 패러다임을 바꾸다!

×

1592년 발발한 임진왜란은 화포와 총이
최초로 충돌한 전면전이자 국제전이었다.
일찍이 중국으로부터 화약을 도입해 화포를
발전시켜 온 조선과 포르투갈로부터 조총을
도입한 일본이 맞붙은 전쟁이었기 때문이다.
화약의 발명과 발전이 여러 새로운 무기의
개발을 넘어 전쟁의 패러다임까지 바꾼
것이다.

전쟁을 등에 업은
화약과 조총의 발전사

우리가 흔히 르네상스의 발명품 중 하나로 알고 있는 화약은, 실제로는 중국의 발명품이다. 중국은 임진왜란이 일어나기 500여 년 전, 그러니까 10세기 송나라 때 화약을 발명했다. 화약이 우리나라에 전해진 것은 13세기 고려 때의 일이었다. 고려와 원나라의 연합군이 일본을 침공한 이래, 한반도와 중국 남쪽에는 왜구가 창궐하고 있었다. 그때 고려의 최무선 장군이 성능 좋은 화포를 개발해 왜구를 물리친 일은 잘 알려진 역사적 사실이다.

서양에서 화약은 이슬람 세계와 유럽을 통해 뒤늦게 전해졌지만, 이슬람 세계와 유럽이 잦은 전쟁을 벌였던 만큼 화약 무기도 빠른 속도로 발달했다. 가장 유명한 사례가 1453년의 콘스탄티노플 함락이다. 당시 동로마 제국의 마지막 남은 영토였던 콘스탄티노플은 도저히 무너뜨릴 수 없는 철옹성으로도 유명했지만, 오스만 제국은 중국으로부터 받아들인 화포와 포탄을 더욱 강력하게 개량해 그 철옹성을 함락시켰다. 그 후 콘스탄티노플은 오스만 제국의 수도인 이스탄불로 바뀌었다.

화약 무기의 위력을 확인한 서양의 여러 나라는 전쟁 승리를 위해 화포 개량에 더욱 박차를 가했고, 그 과정에서 개인 화기인 총을 발명하게 되었다. 화포는 파괴력이 커서 큰 성벽을 부

수는 데 효과적이지만 정확도는 떨어진다. 반면에 총은 병사가 직접 들고 다닐 수 있는 데다가 활을 압도하는 기동력과 파괴력까지 지녔다. 이러한 총을 포르투갈로부터 받아들인 일본이 그 철포(조총)를 들고 조선을 침략하면서 임진왜란이 시작됐다.

전쟁 패러다임의 변화

오랫동안 지상의 전투는 '활'과 '말'의 대결이었다. 일정한 거리를 두고 마주볼 수밖에 없는 양 진영의 구도에서는 기병의 속도와 활의 정확성이 승부를 갈랐다. 한쪽에서 기병이 적진을 격파하기 위해 돌진하면 상대방은 화살을 쏘아 이를 저지했다. 그때 얼마나 많은 기병이 빗발치는 화살을 뚫고 적진에 도달하는지가 전투의 승부를 갈랐다.

이랬던 전쟁이 화약의 등장으로 변화하기 시작했다. 대표적인 사례가 앞서 소개한 임진왜란이었다. 당시 조선의 육군은 기병이 강했던 반면 일본군은 전통적으로 육박전에 능한 보병을 보유하고 있었다. 이 사실을 잘 알고 있던 조선 최고의 명장 신립은 탄금대에 배수진을 치고 기병을 앞세워 고니시 유키나가가 이끄는 일본군을 맞이했다. 당시 신립은 적군이 조총으로 무장하고 있다는 정보를 파악했지만 조선의 용맹한 기병을 완전히 막지는 못할 거라고 계산했다. 기존의 전쟁 패러다임에서라면 북방에서 여진족과 산전수전을 다 겪은 명장의 계산은 딱 맞아떨어졌을 것이다. 그러나 조총은 명장의 계산보다 훨씬 더 강했다.

일본군의 조총은 임진왜란 초기 전세를 결정지은 무서운 신무기였다. 1진은 사격, 2진은 대기, 3진은 장전이라는 일본군의 3단 전술도 그러한 위력을 배가했다. 끝까지 용감하게 싸우던 신립이 전사하자 전세는 일본의 완승으로 기울었다. 이 안타까운 패배는 과학기술의 발전에 따른 새로운 전쟁 패러다임을 읽지 못한 결과였다.

화약이 명운을 가른 전면전

전세는 이순신 장군이 이끈 한산대첩에서 뒤집혔다. 당시 조선의 화포는 분명 우수했지만 조총에 비하면 명중률이 떨어지는 편이었다. 이러한 약점을 모두 고려한 이순신 장군은 조선 함대를 학 날개 모양으로 펼쳐 적을 포위한 뒤 양쪽에서 함포 세례를 가하는 학익진 전술을 펼쳤다. 명량해전에서도 마찬가지였다. 이순신 장군은 일본군이 좋아하는 근접전을 절대 허용하지 않았다. 이순신 장군이 탄 대장선 한 척으로 울돌목을 막고 화포를 난사하는 것만으로도 백 척이 넘는 적군을 저지하고 파괴할 수 있었으니 말이다.

결국 조선은 이순신의 활약과 조총 사용에 익숙해진 육군의 반격으로 임진왜란에서 승리를 거두었다. 임진왜란은 이처럼 화약 무기가 전세를 가른 역사상 최초의 전면전이라고도 할 수 있다.

서양 역사에서 화약 무기는 봉건 기사 계급이 몰락하고 국왕 중심의 중앙집권체제를 마련하는 계기가 되었다. 콘스탄티노플이 함락된 15세기, 영국과 프랑스 사이에 벌어진 백년전쟁에서 대포는 결정적 역할을 했다. 프랑스가 대포를 사용해 영국군에 대승을 거둔 포르미니 전투가 그 사례다. 대포를 쓰면서 일반 농민도 기사들을 제압할 수 있게 되자, 유럽의 국왕들은 더 이상 봉건 기사에 의존하지 않아도 되는 상비군을 창설해 나갔다.

● 오디세이 프리즘

임진왜란 초기에 조총으로 무장한 일본이 압도적으로 우세했다는 사실만으로 당시 일본의 무기 개발 기술이 우리보다 발달했다고 생각하기 쉽다. 그러나 사실은 그 반대에 가까웠다. 임진왜란은 앞서 있던 동양의 화약 무기가 뒤늦게 개량에 나선 서양의 화약 무기로부터 도전을 받은 전쟁이었던 것이다.

이처럼 중국에서 발명된 화약은 동서양을 막론하고 대량 살상 무기의 발달을 초래해 전쟁의 패러다임을 바꿔 놓았다. 뿐만 아니라 서양에서는 봉건 기사 계급을 몰락시켜 중앙 집권화를 촉진하기도 했다. 동양에서 발명되어 서양의 역사까지 바꿔 놓은 화약의 위력은 대단하지만, 수많은 인류에게 재앙을 안겨준 결과를 생각하면 달갑지만은 않다.

요즘의 과학 기술 발달 속도를 보면, 기술의 발전이 인간 삶의 질을 높이고 더불어 평화에도 기여할 수 있는 길이 바로 우리 앞에 다가와 있는 게 아닌가 싶다.

혈액형 성격 검사를 믿어도 될까?

과학의 탈을 쓴 우생학

×

"혈액형이 A형인 사람은 소극적이고
보수적이며, B형인 사람은 적극적이고
진취적이다." 혈액형과 사회적 성격 사이에
상관관계가 있다는 주장은 1927년 일본에서
처음 나왔다. 이런 생각은 오늘날까지도 유독
일본, 한국 등 동아시아 지역에 남아 있는데,
대부분의 학자들은 이 같은 혈액형과 성격의
상관관계가 과학적으로 성립하지 않는다고
말한다. 왜 이런 근거 없는 구별법이 일본에서
유행하게 됐을까? 그 유래를 찾아 들어가면
더욱 놀라운 사실이 기다리고 있다.

인간이 B형에서 A형으로
진화한다니?

혈액형이라는 개념은 1901년 오스트리아의 면역학자 란트슈타이너에 의해 처음 발견되었다. 이 발견은 인류의 건강과 생존에 커다란 축복이었다. 특히 제1차 세계 대전과 같은 대량 살상 사태 속에서 혈액형 구별법은 많은 인명을 구하는 데 결정적인 역할을 했다. 그러나 어떤 사람들에게는 혈액으로 사람의 유형을 구분할 수 있다는 사실이 빗나간 탐구심을 불러일으켰다. 독일의 내과학자 둥게른은 동물의 혈액형을 조사하던 중 대부분의 포유류는 B형이고 A형은 침팬지와 사람에게만 발견된다는 사실을 알게 되었다. 그의 제자 히르슈펠트는 이를 보고 인간의 혈액형이 B형에서 A형으로 진화한다는 가설을 세웠다.

히르슈펠트는 이 가설을 검증하기 위해 제1차 세계 대전 직후 마케도니아 평원에 모여 있던 16개국 병사 약 8500명의 혈액형을 조사했다. 그 결과, 백인종일수록 A형이 많고 유색인종일수록 B형이 많았다. 영국인은 A형이 B형의 4.5배인 반면 흑인은 0.8배에 불과하다는 식이었다. 그는 B형에 대한 A형의 비율을 인종계수로 정하고, 인종계수가 2.0 이상이면 '유럽형', 1.3 미만이면 '아시아-아프리카형'으로 분류했다. 그리고 2.0과 1.3 사이의 민족을 '중간형'으로 불렀다. 그리하여 A형이 B형보다 많을수록 우월한 인종이라는, '혈액형 인종주의'가 탄생했다.

일본의 혈액형 성격 열풍,
우생학을 대신하는 우생학

20세기 들어 일본은 아시아에서 유일한 제국주의 열강이 됐다. 당시 일본인은 서구에 대한 열등감과 아시아 다른 민족에 대한 우월감을 동시에 갖고 있었다. 1924년 미국 의회가 이민제한법을 통과시키자 일본인은 충격에 사로잡혔다. 이민제한법은 일본인의 미국 이민도 제한했는데, 그 바탕에는 일본인이 서양인보다 인종적으로 열등하다는 관념이 깔려 있었다. 일본 사회의 반응은 다양했다. 인종주의를 앞세우는 우생학을 비판하는가 하면, 일본인 스스로 우수한 인종이 되자면서 국민우생법 제정을 촉구하는 운동도 일어났다.

그 무렵 도쿄여자고등사범대학(현 오차노미즈대학)의 후루카와 다케지 교수가 작성한 「혈액형에 의한 기질 연구」라는 논문에서 앞서 말한 A형과 B형의 성격 차이에 대한 주장이 처음 등장했다. 혈액형에 따른 인종계수를 적용하면 당시 일본인의 인종계수는 대략 1.69 정도로, 소위 '중간형'에 속했다. 아시아의 다른 민족보다는 조금 높지만 유럽인보다는 열등한 수치였으니, 혈액형 인종주의가 일본에서 인기를 얻기는 어려웠다.

그 대신 널리 퍼진 것이 혈액형과 개인들의 성격을 비교하는 다케지 교수의 학설이었다. A형은 내성적이고 O형은 외향적이라는 식의 성격 구분이 나타난 것이 이때이다. 이후 일본에서는 혈액형별 성격과 궁합을 알아보는 책이 베스트셀러에 오르고, 혈액형에 차별화를 둔 마케팅이 성공을 거두며 혈액형 열풍의 열기를 가늠케 했다.

혈액형으로 본 '조선인'

1930년대 일본에서는 혈액형과 성격의 상관관계를 따지는 연구가 붐을 이룰 정도였지만 식민지 조선의 사정은 달랐다. 조선에서는 A형, B형 비율에 따른 인종계수를 활용해 조선뿐 아니라 만주, 몽골 등의 혈액형 분포를 조사하는 작업이 폭넓게 전개되었고 조선총독부도 이를 전폭적으로 지원했다.

1922년 경성의전 외과교실의 기리하라 신이치 교수는 조선인 1167명과 재조선 일본인 502명, 그리고 충청북도와 전라남도 조선인의 혈액형을 조사했다. 신이치 교수는 재조선 일본인의 인종계수는 '중간형'에 해당하는데 조선인의 평균 인종계수는 '아시아-아프리카형'에 속한다는 결과를 발표했다. 그리고 조선에서도 남쪽에 사는 사람들은 '중간형'에 가까운 것으로 보아 일본인의 영향을 받았을 수도 있다고 덧붙였다.

1930년대 들어서는 사토 다케오 교수가 이끄는 경성제국대학 법의학교실이 한반도와 주변 지역 주민을 대상으로 장기 조사를 실시했다. 그들은 『범죄학잡지』라는 곳에 「조선인의 혈액

형」이라는 제목으로 연구 결과를 발표하기도 했는데, 훗날 그
들이 연구 대상을 넓혀 분석한 인종계수는 조선인 1.07, 만주인
0.91, 몽골인 0.69였다. 다케오 교수의 연구에 따르면 조선인은
일본인보다는 열등하지만 다른 아시아인보다는 조금 나은 인종
이었다. 이 같은 혈액형 연구는 조선에 대한 일본의 식민 지배
를 정당화하는 것은 물론이고, 태평양전쟁 시기에 '대동아공영
권' 논리를 펼치는 중요한 근거가 되었다.

◑ 오디세이 프리즘

태평양전쟁에서 미국, 영국과 싸우게 된 일본은 우생학에서도
서양에 대한 열등감을 지우기 위한 프로젝트를 진행했다. 혈우
병과 색맹은 일본인보다 서양인이 더 많다는 식으로 일본인의
우월감을 고취하기도 했고, 일본인을 우수한 인종으로 만든답
시고 유전성 질환을 가진 사람들에게 단종(斷種) 수술을 시행하
기도 했다. 혈액형으로 인종과 개인을 가르는 '사이비' 연구들
은 이런 인종주의적 광기의 중심에 있었다.

야만적인 제국주의 시대가 저물어가면서 A형과 B형을 대립시
키는 식의 혈액형 인종주의는 사라져 갔지만, 과학이라는 이름
으로 근거 없는 차별을 정당화하고 적개심을 조장하는 행위까
지 완전히 사라졌는지는 의문이다.

◈ 자세히 보기 : 히르슈펠트의 혈액형 인종 분류

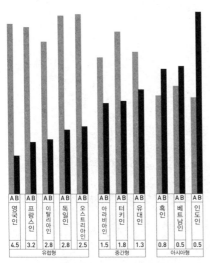

정준영, 「혈액형과 인종주의 문화정치학」, 한국사회학회 사회학대회 논문집, 2012, 280쪽

히르슈펠트의 실험에서 유럽 열강은 영국인(4.5), 프랑스인(3.2), 이탈리아인(2.8), 독일인(2.8), 오스트리아인(2.5) 등 A형 인자를 보유한 사람이 B형 인자를 보유한 사람보다 2배 이상 많았다. 반면, 유색인종 식민지의 경우에는 흑인(0.8), 베트남인(0.5), 인도인(0.5) 등으로 유럽 열강과 반대의 결과가 나타났다.

히르슈펠트는 이러한 '생화학적 인종계수'를 바탕으로 백인종일수록 A형의 출현빈도가 높아지고, 유색 인종일수록 B형의 출현빈도가 높아지는 경향이 나타난다고 주장했으며, 인도가 B형 인종의 발상지, 북유럽이 A형 인종의 발상지일 가능성을 제기하기도 했다. 이런 연구결과는 제1차 세계 대전 직후 혈액형의 치료적 기여에 대한 관심이 높아져 있었던 상황 속에서 세계적인 주목을 받게 되었다.

인종에 귀천이 있다는 환상

독일과 이란,
아리아인의 원조는 누구?

×

'이란'이라는 말은 '아리아인의 땅'을
뜻한다고 한다. 그런데 이상하게도
'아리아인'이라는 단어를 들으면 제2차
세계 대전을 일으킨 아돌프 히틀러가 먼저
떠오른다. 히틀러는 독일의 게르만족이야말로
아리아인의 원조라고 떠벌리고 다녔는데,
과연 이란의 아리아인과 히틀러가 말하는
아리아인은 같은 집단을 가리키는 말일까?
만약 그렇다면 둘 중 어느 쪽이 진짜
아리아인의 기원일까?

고귀한 인종, 아리아인

기원전 2000년경 인도유럽어 계통의 언어를 쓰던 여러 집단이 중앙아시아 스텝 지대로부터 남쪽의 문명 지대로 대이동을 시작했다. 이집트에서 인도에 이르는 지역 곳곳에서 이들과 원래 살고 있던 주민들 사이에 충돌과 융합이 일어났다. 북인도로 이동한 아리아인이 그곳에 이미 살고 있던 드라비다인과 충돌하거나 융합하면서 인도의 고대 문명을 이룩한 이야기는 이미 잘 알려져 있다.

이들 가운데 오늘날 이란과 인도 지역으로 내려간 사람들은 스스로를 '아리아'라고 불렀다. 아리아는 본래 산스크리트어로 '고귀하다'라는 뜻인데, 세월이 흐르면서 지금의 이란 고원 일대에 사는 사람들을 일컫는 이름이 되었다. 아리아인의 정체성은 이란 고원에서 일어나 고대 문명 대부분을 통합한 페르시아 제국 시기에 형성되었다.

페르시아는 아리아인에 속하는 파르스 부족의 이름에서 유래한 말로 페르시아 제국을 주도한 사람들이 바로 파르스인이었다. 그리스 사람들이 파르스를 페르시스(Persis)라고 부르던 것이 유럽에 전해져 페르시아(Persia)가 된 것이다. 페르시아 제국의 역사를 알고 나면 왜 이란 제국이 아닌 페르시아 제국이라고 부르는지 궁금해 하는 이들이 많은데, 페르시아는 주로 외국에서 아리아인을 부르던 이름이라고 할 수 있다.

아리아인은 생각보다 넓은 지역에서 활동했다. 중국 한무제가 흉노와 싸울 목적으로 장건을 파견했던 월지 역시 아리아인들이 세운 나라였다. 흉노에게 쫓겨나 중앙아시아 서쪽으로 이동한 아리아인을 찾아 나선 장건이 개척한 서역의 길은 훗날 실크로드가 되었다. 지금도 중국 서부에는 아리아계 민족인 타지크족이 살고 있는데, 실크로드가 생겨날 무렵 그 일대에 살던 원주민 상당수는 아리아 계통의 사람들로 짐작된다.

아리아인 신화가 불러 온 광기

19세기 말 20세기 초, 세계는 서구 열강이 아시아, 아프리카를 분할 지배하는 제국주의 시대로 접어들었다. 이와 더불어 인도유럽어를 쓰는 백인들이 다른 인종보다 우월하다는 인종주의가 전염병처럼 번져 나갔고, 유럽인들 사이에서는 자신들을 먼 옛날의 아리아인과 동일시하는 일종의 신화가 자라났다. 아리아인 신화에 발단을 제공한 사람은 막스 뮐러라는 독일의 동양학자였다. 그는 고대 인도의 고전인 『리그베다』에 심취해 고대 인도 언어인 산스크리트어를 집중적으로 연구하다가 산스크리트어와 유럽의 언어 사이에 많은 공통점이 있다는 사실을 발견했다. 인도유럽어족에 속하는 산스크리트어와 페르시아어가 유럽의 언어들과 비슷한 것은 당연한 일이다. 문제는 뮐러의 연구가 일부 유럽인의 상상력을 지나치게 자극했다는 데 있다. '먼 옛날 유라시아를 정복하며 자신들의 언어를 남긴 위대한 인종'을 상상하기에 이르렀으니 말이다. 유럽인의 조상들이 수천 년 전에 이미 세계를 휩쓸며 인종적 우월성을 과시했다는 것이 그들의 주장이었다.

나치의 악명 높은 인종 학살은 바로 이 광기 어린 아리아인 신화에서 비롯했다. 히틀러는 독일의 게르만족이야말로 위대한 아리아인의 순수성을 가장 잘 보존한 민족이며, 게르만족은 먼 옛날 아리아인이 그랬던 것처럼 세계를 정복해 다른 민족을 지배할 사명이 있다고 주장했다. 나치의 친위대장이었던 하인리히 힘러는 '파란 눈, 금발 머리, 큰 체격'을 순수 아리안의 특성으로 규정하고 그 수를 늘리기 위해 온갖 비인간적인 수단을 동원했다. 아라아인의 특성이 두드러지는 남녀의 교배를 강제하고, 나중에는 납치와 강간까지 서슴지 않았다. 그렇게 태어난 아기조차 아리아인의 특성이 보이지 않으면 죽여 버렸다. 우수한 아라아인의 혈통을 보전해야 한다는 나치의 주장은 슬라브인이나 유대인은 열등한 민족이기 때문에 존재 가치가 없다는 극단적 인종주의로 나아갔다. 뿐만 아니라 집시, 동성애자, 장애인 등 인종적으로 열등하다고 판단되는 이들을 대상으로 낙태 수술을 시행하거나 수용소에 가두고 말살하기에 이르렀다.

누가 원조 아리아인인가

비슷한 시기인 1935년, 이란의 팔레비 왕조는 전 세계에 자신들을 페르시아가 아닌 이란으로 불러 줄 것을 요청했다. 조상들로부터 물려받은 고귀한 이름을 나라 안팎에서 공식 국호로 쓰겠다는 의도였다. 같은 시기에 이란과 독일이 서로 아리아인의 정통성을 주장한 셈이다. 히틀러가 제2차 세계 대전을 일으켰다가 패하자 독일에서는 아리아인의 순혈주의나 게르만 우월주의 같은 인종주의적 선전이 힘을 잃었다. 반면 이란 사람들은 고대 아리아인의 전통에 대한 자부심을 여전히 간직하고 있다. 1979년 혁명을 일으켜 팔레비 왕조를 무너뜨리고 이슬람 신정(神政) 체제를 확립한 호메이니는 국호를 이란이슬람공화국으로 정했다. 정치 체제는 달라졌지만 이란이라는 민족적 정체성은 굳건히 이어지고 있는 것이다.

● 오디세이 프리즘

독일인을 가리키는 '게르만(German)'은 라틴어에서 파생된 말이고, 독일인이 스스로를 부를 때는 '도이치(Deutsch)'라고 한다. 도이치는 중세 유럽에서 라틴어를 사용하는 상류층과 보통 사람을 구분하기 위해 처음 사용된 단어다. 이처럼 소박하고 친근한 이름을 가진 독일인에게 나치가 불어넣은 아리아인의 환상은 돌이킬 수 없는 범죄로 이어졌다. 비대하게 부풀린 민족주의의 위험성을 잘 보여 준 사례이다.

오래된 사찰이나 부적에 그려진 卐(만) 문양을 보고 나치를 떠올린 적이 있을지도 모른다. 나치의 상징인 하켄크로이츠 문양은 실제로 태양을 형상화한 아리아인의 전통 문양인 '卍' 자를 회전해 만든 것이라고 한다. 오랜 세월 종교와 지역을 불문하고 평화와 행복을 상징하는 문양으로 쓰여 온 卍 문양이 나치의 만행으로 인해 폭력과 전쟁의 표상으로 전락해 버린 것이다. '원조 아리아인'을 둘러싼 1930년대 이란과 독일의 모습은 인종주의의 폐단을 넘어 우리가 평화와 행복이라는 이름으로 자행해 온 숱한 과오를 되돌아보게 한다. 모든 민족이 점점 더 가까워지는 지구촌 시대에 더욱더 곱씹어야 할 역사적 교훈이 아닐까 싶다.

「알로하 오에」, 나라 잃은 설움의 노래

하와이 왕국은 어떻게
미국의 50번째 주가 되었나

×

'안녕 그대여'라는 뜻의 「알로하 오에」는
하와이의 감미로운 민속곡이다. 가사의 일부를
잠시 살펴보자.

"검은 구름 하늘 가리고 이별의 날은 왔도다
다시 만날 날 기대하고 서로 작별하여 떠나리"
하와이 왕국의 유일한 여왕이자 마지막
국왕이었던 릴리우오칼라니는 1893년에
왕위에서 쫓겨난 뒤 나라 잃은 슬픔을 담아
「알로하 오에」라는 노래를 지었다. 따사로운
햇볕 아래 열대 곡물과 열대 과일이 사시사철
쏟아져 나오는 풍요로운 섬, 하와이에서
도대체 무슨 일이 있었던 걸까?

평화로운 섬에 상륙한
영국의 탐험가

하와이는 오아후섬을 비롯한 크고 작은 100여 개의 섬으로 이루어진 제도(諸島)로, 1778년 영국의 탐험가 제임스 쿡에 의해 서방 세계에 처음 알려졌다. 당시 하와이에는 폴리네시아인들과 멀리 타히티에서 바다를 건너 온 이들이 부족을 이루어 살아가고 있었다. 제임스 쿡 일행은 하와이 사람들에게 서양의 기술과 문화를 전해 주었다. 원주민들이 구경도 해 보지 못한 총과 대포 등 최신 무기도 이들을 통해 하와이로 흘러들어 갔다. 제임스 쿡 선장은 원주민들의 전설에 등장하는 풍요의 신 오로노로 받들어질 만큼 큰 환영과 존경을 받았다. 그러나 이들이 하와이에 머물며 식량을 축내고, 원주민과 싸우거나 부녀자를 추행하는 등의 물의를 일으키자 분위기가 달라졌다. 제임스 쿡이 북서 항로를 찾아 항해를 떠났다 다시 하와이에 돌아갔을 때는 적대적인 상황에까지 이르렀다. 제임스 쿡은 결국 부하 선원들과 원주민 사이에 일어난 싸움에 휘말려 살해당했다.

제임스 쿡 일행이 전해 준 서양의 기술과 무기는 하와이를 변화시켰다. 당시 하와이 족장이었던 카메하메하라는 이때 받아들인 기술과 최신 무기를 이용해 하와이 전체를 통일하는 전쟁을 벌였고, 1810년에는 영국을 본떠 입헌군주제에 바탕을 둔 통일 왕국을 세우기에 이른다.

하와이 왕국을
지킨 마지막 여왕

하와이 왕국에 미국인들이 이주하기 시작한 것은 1874년부터였다. 하와이는 예로부터 사탕수수로 유명했는데, 미국인들은 하와이의 6대 국왕인 칼라카우아에게 사탕수수를 전량 관세 없이 수입하겠다고 약속했다. 그리고 이 약속을 미끼로 미국인 이주 허가와 엄청난 경제적 이권을 얻어냈다. 하지만 이들이 나중에 약속을 어기고 수입 사탕수수에 관세를 매기는 바람에 하와이 경제는 벼랑 끝으로 내몰렸다. 미국계 이주민들은 칼라카우아 왕을 협박해 자신들에게 유리한 방식으로 헌법을 뜯어고치게 했고, 이렇게 해서 하와이 왕국은 점점 미국인들의 손아귀에 들어갔다.

칼라카우아 왕이 미국인들에 속았다는 것을 깨달았을 땐 이미 늦은 상태였다. 칼라카우와 왕이 실의에 잠긴 채 샌프란시스코에서 생을 마친 뒤, 여동생인 릴리우오칼라니가 왕위에 올랐다. 릴리우오칼라니는 오빠와는 달리 강단 있는 지도자로, 왕권을 강화하고 사탕수수 플랜테이션을 국유화했다. 미국인의 정치·경제적 이권을 박탈하고 하와이 왕국의 주권을 강화하려는 조치였다. 그러자 1893년 샌포드 돌이라는 미국계 이주민이 쿠데타를 일으켰다. 하와이를 공화국으로 만들고 싶어 하는 원주민 농장주들도 쿠데타에 힘을 보탰다. 릴리우오칼라니 여왕은 끝까지 항전했지만 무력에서 미국인을 당해낼 수는 없었다. 결국 이올라니 궁전은 함락되고 릴리우오칼라니는 여왕 자리에서 쫓겨나고 말았다.

여왕이 물러나자 샌포드 돌은 왕국을 폐지하고 하와이 공화국을 세웠다가 곧 하와이를 미국에 합병시켰다. 오늘날 우리가 미국의 50번째 주로 알고 있는 하와이는 이렇게 생겨났다. 하와이가 관광 천국으로 발전하는 동안 원주민들의 삶은 나락으로 떨어졌다. 원주민들은 변방 산간 지대에서 토란을 재배하며 겨우 삶을 이어 갔고, 그들의 전통과 문화는 잊혀 갔다. 하와이 전통 악기로 알려진 우쿨렐레는 포르투갈에서 들어왔고, 하와이의 전통 음식으로 소개되는 돼지 통구이도 스페인에서 들어온 것이다. 나라와 역사를 잃은 사람들의 서글픈 운명을 담고 있다고 하니 「알로하 오에」의 선율이 더 이상 낭만적으로만 들리지는 않는다.

사탕수수에 맺힌 조선의 눈물

우리에게도 「알로하 오에」처럼 하와이의 슬픈 역사를 떠올리게 하는 노래가 있다. 1925년 하와이 호놀룰루 한인사회의 조선인 노동자들은 일제강점기 금지곡이었던 대한제국 애국가를 개사해 불렀다고 한다.

상제는 우리나라를 도우소서/ 영원무궁토록/ 나라 태평하고 인민
은 안락하야/ 위권이 세상에 떨치여/ 독립자유부강을 / 일신케 하
소서/ 하느님은 우리나라를 도우소서.

첫 하와이 이민을 주선한 건 조선에서 선교사이자 의사로 활
동하던 알렌(H. N. Allen)이었다. 그는 하와이의 임금 수준이 조
선의 8배에 달할 뿐 아니라 날씨가 좋아 천국과 같은 생활을 할
수 있다며 고종을 설득했다. 1903년 인천에서 하와이로 향하는
갤릭호에 몸을 실은 102명의 이주 노동자를 시작으로, 1905년
을사늑약으로 외교권을 박탈당하기 전까지 7400여 명의 조선
인들이 하와이로 떠났다.

새로운 삶에 대한 희망은 절망으로 돌아왔다. 주로 사탕수수
와 파인애플 농장에서 일했던 조선인들은 뜨거운 뙤약볕 아래
서 십장의 채찍을 맞으며 하루 10시간 이상의 중노동을 강행해
야 했고, 제대로 된 식사와 잠자리도 보장받지 못하는 경우가
허다했다. 1910년 대한제국이 일본의 식민지가 되며 큰돈을 벌
어 고국에 돌아가겠다는 꿈마저 물거품으로 돌아갔다.

이역만리에서 나라 없는 민족의 설움을 견뎌야 했던 조선인
들은 현실에 좌절하는 대신 하와이에서 독립운동을 추진했다.

일당 5센트를 쪼개 독립운동 자금으로 내놓았고, 일본 제국주의의 침탈 행위를 보도하는 영자 신문을 간행했다. 하와이를 거쳐 미국 본토로 간 조선인들은 상해 임시정부 수립 자금의 60퍼센트를 조달했다. 캘리포니아의 리들리와 다뉴바 공동묘지에는 아직도 'KIM', 'LEE', 'PARK' 등 제대로 된 묘비명도 없는 213명의 독립운동가가 묻혀 있다.

◉ 오디세이 프리즘

하와이 사람들에게 '알로하'는 단순한 안부 인사를 넘어 사랑과 평화, 감사와 나눔의 의미를 담은 복합적인 말이라고 한다. 하와이 원주민들은 이 세상 모든 것에 신이 깃들어 있고, 모두가 그러한 대자연의 은혜를 나누면서 살아간다고 믿는다. 하와이 원주민과 조선인 이민자의 노랫가락에는 나눔과 연대를 통해 암울한 시절을 이겨내고자 했던 알로하의 정신이 깃들어 있다. '지상의 천국'이라 불리는 하와이에 갈 일이 생긴다면 아름다운 풍경에 가려진 이들의 멜로디를 한번씩 떠올려 봐도 좋을 듯하다. 지나간 역사를 되돌릴 수는 없지만, 그 역사 속에서 꽃핀 아름다운 마음은 우리 모두를 풍요롭게 만들 테니까.

알렉산더 대왕의 유산은
누구의 것?
'마케도니아'를 둘러싼 공방전

×

13개 주와 한 개의 자치주로 이루어진
그리스에는 똑같은 이름을 가진 주가 세 개나
있는데, 각각 서부·중부·동부 마케도니아라는
이름을 갖고 있다. 흥미로운 것은 북쪽 국경
너머에 '마케도니아'라는 이름을 국호에
포함한 북마케도니아가 있다는 사실이다.
국경을 맞댄 그리스와 북마케도니아는
마케도니아라는 이름을 두고 오랜 신경전을
벌여 왔다고 한다. 두 마케도니아는 무슨
관계이고 왜 그 이름 때문에 두 나라의 사이가
나빠진 걸까?

국기를 놓고 벌어진 갈등

북마케도니아의 국기는 우리가 그토록 싫어하는 일본 제국주의 침략의 상징, 욱일기와 비슷하게 생겼다. 북마케도니아와 일본 사이에 역사적·문화적인 연결고리가 있는 건 아니지만, 두 깃발의 무늬는 모두 태양과 햇살을 상징한다.

북마케도니아는 1991년에 옛 유고슬라비아연방에서 마케도니아라는 이름으로 독립했다. 지금 북마케도니아의 국기에는 햇살이 여덟 개지만, 마케도니아가 처음 제정한 국기에는 열여섯 개의 햇살이 그려져 있었다. 이에 발끈한 그리스는 마케도니아에게 그 국기를 쓰지 말 것을 주장했다. 그리스가 남의 나라 국기를 두고 왈가왈부한 이유는 마케도니아 국기의 무늬가 고대 마케도니아 왕국의 영웅인 알렉산드로스 대왕과 관련되어 있기 때문이었다. 그리스와 북마케도니아가 국명이니 국기를 두고 치열한 신경전을 벌여 온 건 알렉산드로스 대왕을 배출했다는 영광의 역사를 차지하기 위해서였던 것이다.

영어로는 알렉산더라 부르는 정복 군주 알렉산드로스를 모르는 사람은 없을 것이다. 그리스는 알렉산드로스가 자기네 영웅이고 그의 고향인 마케도니아 왕국도 그리스 땅이라고 주장한다. 마케도니아의 국기 제정을 당당히 반대한 것도 앞서 언급한 햇살 무늬가 새겨진 황금 상자가 중부마케도니아주의 마케도니아 왕릉에서 발굴되었기 때문이다. 그런데 북쪽에 새로 생긴 나라가 이름을 '마케도니아'라 칭하고, 알렉산드로스 대왕과 관련된 상징을 국기 무늬로 그려 넣기까지 하니 참았던 감정이 폭발하지 않을 수 없었다. 그리스가 심하게 반발하자 마케도니아는 타협을 시도했고, 그 결과 햇살을 여덟 개로 줄이고 해의 모양도 조금 바꾼 오늘날의 국기가 탄생했다.

나라 이름도 바꾸시오!

마케도니아가 국기를 바꿨다고 해서 그리스와 마케도니아 사이에 앙금이 완전히 걷힌 것은 아니었다. 그리스는 마케도니아라는 나라 이름 자체가 그리스 소유인 마케도니아 지역 영토에 대한 욕심에서 나왔다고 의심한다. 실제로 북마케도니아 곳곳에서 알렉산드로스 대왕과 그의 아버지 필리포스 2세를 기리는 동상과 기념물을 볼 수 있다. 이에 그리스는 마케도니아가 이름을 바꾸지 않는 한 이 나라가 유럽연합(EU)에 가입하는 것도 막고 북대서양조약기구(NATO)에도 들어오지 못하게 하겠다고 주장해 왔다. 처음에는 유엔 가입에도 결사적으로 반대했던 탓에 당시의 마케도니아는 '구 유고슬라비아의 마케도니아 공화국'이라는 우스꽝스러운 국호를 잠정적으로 택한 뒤에야 유엔에 가입할 수 있었다.

마케도니아인은 그리스의 이런 태도가 잘못되었다고 말한다.

그리스인과 마케도니아인은 원래 다른 민족이었고, 알렉산드로스 대왕의 마케도니아 왕국을 계승한 나라는 자기들이라는 것이다. 마케도니아는 1991년 이래로 외부의 압박에 굴복해 국명을 바꿀 순 없다는 입장을 고수해 왔지만 국제 사회에서 더 입지가 넓은 그리스의 태도를 꺾기는 어려웠다. 결국 국명을 변경하는 대신 나토와 유럽연합 가입에 반대하지 않겠다는 합의를 이끌어 냈으며, 지난 2019년 2월 기존의 '마케도니아'에 방위 개념을 넣어 '북마케도니아공화국'으로 국호를 공식 변경하기에 이르렀다.

알렉산드로스가 뭐기에

마케도니아 왕국의 알렉산드로스 대왕이 어떤 존재였기에 그리스와 북마케도니아가 이토록 그 이름에 집착하는 걸까? 그리스인은 알렉산드로스가 자신들의 민족적 정체성을 확립한 영웅이라고 믿는다. 알렉산드로스는 그리스의 맹주를 자처하고 고대 그리스 문명을 계승하는 제국을 세웠다. 그 제국을 '헬레니즘 제국'이라 하는데, 이는 그리스인의 전설적 시조 헬렌(Hellen)에서 유래한 말이다. 그리스인은 자신들을 헬렌의 자손이라는 뜻에서 '헬레네스'(Hellenes)라고 부르며, 알렉산드로스가 일으킨 헬레니즘은 바로 그러한 그리스의 사상과 문화를 의미한다.

그리스라는 이름은 고대 그리스를 정복한 로마인이 이 지역을 가리키던 '그라이키아(Graecia)'에서 유래한 것이다. 기원전 6세기 그리스의 폴리스들이 고전 문명을 꽃피울 때, 마케도니아는 올림픽 참가조차 거부당하며 '야만인(바르바로스)' 취급을 받았다. 알렉산드로스의 아버지 필리포스 2세와 알렉산드로스는 그런 폴리스들을 무력으로 무릎 꿇리고 자신을 신으로 숭배하라고 강요했고, 그런 그리스인들을 동원해 페르시아를 비롯한 아시아의 수많은 나라를 정복했다. 그렇게 만들어진 알렉산드로스 제국에서 고대 그리스 문명과 오리엔트 문명이 결합하면서 '헬레니즘 문명'이 탄생했다. 한때는 마케도니아를 야만인 취급하며 멸시하던 그리스 사람들이 이제는 그곳을 자기네 성지로 여기고 남에게 빼앗기지 않으려고 애쓰는 모습은 역사의 아이러니가 아닐 수 없다.

◑ 오디세이 프리즘

그리스의 국토는 남한 면적보다 조금 더 크고, 북마케도니아는 경상남북도를 합친 것보다도 더 작다. 둘 다 면적이 그리 넓은 나라들은 아닌 셈이다. 그리스는 비록 땅덩어리는 작아도 문화적 전통이 어마어마한 나라인데, 내세울 것도 많지 않으면서 그리스에게 국기부터 나라 이름까지 꼬투리 잡혀 시달려

온 마케도니아를 보면 안타까운 마음이 든다. 우리도 이웃 나라인 일본의 역사왜곡과 중국의 동북공정에 적잖이 마음고생을 하고 있는 걸 떠올리면, 그리스와 북마케도니아의 갈등이 남의 일만은 아니다. 지금 대한민국은 그렇게 만만한 나라가 아니지만, 덩치 큰 이웃들이 우리 역사와 문화를 호시탐탐하고 노리고 있다는 생각을 하면서 늘 긴장을 풀지 말아야 하겠다. 무엇보다 가장 큰 대비는 우리 역사를 잘 알고 우리 문화를 키우는 일일 것이다.

평화를 발명하다
뉘른베르크·도쿄 전범재판의
뼈저린 교훈

×

제2차 세계 대전이 끝난 지도 70년이 훌쩍
지났다. 제2차 세계 대전으로 인해 발생한
피해 규모와 유대인학살처럼 전쟁 중에
벌어진 끔찍한 일들은 기존의 전쟁에서 볼 수
없던 것이었다. 이에 놀란 인류는 처음으로
전쟁 중에 벌어진 범죄들을 반인도적
범죄(Crimes Against Humanity)로 규정하고,
전쟁을 일으킨 개인도 전범으로 처벌할 수
있도록 했다. 독일의 뉘른베르크 전범재판과
일본의 도쿄 전범재판은 그 시작이었다. 두
재판은 세계평화와 바람직한 한일관계의
미래에 중요한 역사적 사건이다.

"전쟁은 범죄다"

19세기까지 국제법은 전쟁을 일으켜 다른 나라를 침략하기로 결정한 개인에게 책임을 묻지 않았다. 그때까지 사람들은 침략전쟁을 주권을 가진 국가의 고유한 권한이라고 여겼다. 나치 독일이 자국 유대인에게 저지른 학살 역시, 19세기까지는 전쟁범죄라는 형태로 책임을 물을 수 없었다.

제1차 세계 대전이 엄청난 희생을 남기고 끝나자 사람들의 생각이 달라졌다. 연합국은 전쟁을 마무리하는 베르사유조약에서 독일의 국가원수인 빌헬름 2세를 연합국이 설치한 특별재판소에 전범으로 소추하기로 했다. 그러나 빌헬름 2세가 네덜란드로 망명하고 네덜란드가 그의 송환을 거부하는 바람에 실제 처벌은 이루어지지 않았다.

제2차 세계 대전의 피해는 더 끔찍했다. 미국, 영국, 소련 등 연합국 수뇌부는 전쟁이 끝난 뒤 침략전쟁을 일으킨 추축국 지도자 개인의 책임을 묻는 문제에 관해 논의했다. 재판 없이 유배를 보내자, 그냥 풀어 주자 등등 의견이 오간 끝에 재판에 회부하여 처벌하기로 결론이 내려졌다. 유대인 학살처럼 기존의 전쟁범죄 개념으로 처벌하기 어려웠던 범죄들은 '반인도적 범죄'로서 처벌하기로 했다.

1945년 7월 일본의 무조건 항복을 촉구한 포츠담 선언의 제6항(군국주의 지도자 제거)과 10항(포로 학대를 비롯한 전범 처벌)에는 전후 전범재판을 실시할 근거가 되는 내용들이 명시되었다. 이어서 그해 8월에는 유럽 전범을 소추하기 위해 국제군사법원을 둔다는 내용의 런던 협정이 체결됐다. 독일과 일본에서 열린 반인륜적 전쟁범죄자들에 대한 심판은 포츠담 선언과 런던 협정에 준해 진행되었다.

뉘른베르크 전범재판은 승자의 재판?

1945년 10월 18일 독일 뉘른베르크에서 22명의 주요 전범이 기소되며 역사적인 군사재판의 막이 올랐다. 원래 기소 대상자는 24명이었는데, 정치인 로베르트 라이는 재판 전에 자살했고, 기업가 크루프는 병으로 심리가 정지되었다. 재판부는 협정의 부속 헌장에 의거해 연합국(영국, 미국, 프랑스, 소련)에서 각각 추천한 4명의 재판관으로 구성되었고, 재판장은 영국의 판사 제프리 로렌스 경이었다. 검찰단 역시 승전국을 대표하는 이들로 구성되었고, 검찰위원장은 미국의 검사 로버트 잭슨이 맡았다.

약 1년간 이어진 뉘른베르크 재판은 연합국 중심으로 짜인 재판부와 검찰위원회 때문에 '승자의 재판'이라는 비판을 받기도 했다. 왜 승전국의 전쟁범죄는 소추하지 않느냐, 왜 독일인 스스로 자신의 과거를 청산할 기회를 주지 않느냐 등의 반발도 있었다. 그러나 당시에는 이런 의견이 힘을 받을 분위기가 전혀 아니었고, 독일인의 손으로 나치를 청산할 기회는 그 뒤에 주어졌다. 1949년 이후 동서독은 국내 형법에 전범 처벌 규정을 두어 나치 잔재를 청산하기 위한 재판을 이어 갔다.

도쿄 전범재판은 미국의 재판?

앞에서 본 것처럼 뉘른베르크 재판은 런던 협정이라는 국제조약에 근거해 열렸다. 하지만 도쿄 군사재판은 달랐다. 일본의 전범재판소는 일본이 항복 선언을 한 뒤, 연합군 최고사령관 맥아더의 명령에 따라 설치되었다. 맥아더는 포츠담 선언을 근거로 내세워 1946년 1월에 재판소 설치를 명령하고 11명의 재판관과 재판장, 수석검사를 임명했다.

제2차 세계 대전이 끝난 뒤, 아시아를 두고 소련과 경쟁 구도에 놓인 미국에게 일본은 전략적으로 중요한 곳이었다. 도쿄 재판에서 미국은 자신의 주도권을 철저히 관철하려 했고, 트루먼 대통령은 여기에 이의를 제기하는 나라들을 설득했다. 도쿄 재판이 승자의 재판을 넘어 미국의 재판이라는 비판을 받은 것은 이 때문이었다.

1946년 4월, 28명의 전범을 기소하면서 도쿄 재판의 막이 올랐다. 재판 당시 특히 논란이 된 것은 천황을 소추에서 제외한 결정이었다. 이는 개인의 전쟁 책임이라는 원칙에서 벗어나는 일이라 국제사회의 반발이 많았다. 그러나 이 역시 일본을 점령 통치하며 친미 정권을 확립하려던 미국 정부의 불소추 방침이 확고해 뒤집히기 어려웠다고 한다.

청산하지 못한 전범의 그림자

뉘른베르크 재판에 회부된 주요 전범 22명 가운데 3명에게는 무죄, 19명에게는 유죄가 선고됐다. 사형이 선고된 피고 12명 가운데 나치의 2인자였던 괴링은 자살했고, 나머지는 바로 교수형에 처해졌다. 그들의 시신은 나치 추종자들을 의식해 비밀리에 화장하고 강에 뿌렸다고 한다. 이처럼 뉘른베르크 재판은 1년이라는 비교적 짧은 시간에 단호한 소추와 처형이 진행됐고, 이후로도 나치 청산 작업은 지속적으로 전개됐다.

도쿄 재판은 2년도 더 지난 1948년에 이르러서야 판결이 확정됐다. 기소자 28명 중 25명의 A급 전범이 유죄 선고를 받았다. 도조 히데키 전 총리를 비롯한 A급 전범 6명은 사형 판결을 받고 12월 23일 교수형에 처해졌다. 그런데 연합군사령부는 나머지 19명 전원을 석방하고 재판 종결을 선언했다. 그중에는 훗날 수상이 된 기시 노부스케도 있었다. 세균전과 생체 실험으로 악명 높은 일본 731부대 사령관 이시이 중장마저 석방되었다. 도쿄 재판이 이처럼 서둘러 종결된 이유에 대해서는 미국이 당시 냉전이 격화되던 정세를 고려해, 일본이 혼란에 빠지는 상황을 바라지 않았기 때문이라는 분석이 많다.

● 오디세이 프리즘

영국의 역사학자 마이클 하워드는 『평화의 발명』이라는 저서에서 인류는 세계 대전을 거치면서 평화를 능동적으로 만들어 왔다고 주장했다. 뉘른베르크 재판과 도쿄 재판은 침략전쟁을 일으킨 주체들을 국제법 절차에 따라 처단함으로써 '평화의 발명'에 큰 기여를 했다. 그때 방면된 A급 전범들은 훗날 복귀해 일본 사회에 큰 영향을 미쳤다. 일본에서는 독일처럼 자체적인 후속 과거 청산이 이뤄지지도 않았고, 야스쿠니 신사에는 A급 전범들의 혼백이 안치되어 있다. 한일관계가 과거에 발목 잡히지 않고 평화로운 미래로 나아가기 위해서라도, 뉘른베르크 재판과 더불어 인류 역사상 첫 번째 전범재판이었던 도쿄 재판의 역사를 기억해야 한다.

4부
동양과 서양의
오디세이

동양과 서양은 세계사의 패권을 교대로
주고 받으며 역사를 구성해 왔다. 문화가
인간의 사고방식을 좌우한다고 할 때,
서양이 기준이 된 사회에서 우리는 이미
자주적인 시선을 잃어버렸는지도 모른다.
동서양이 함께 제2의 전성기를 맞이하는
그날, 우리는 비로소 역사의 오래된 미래를
깨닫게 되지 않을까.

2020년일까, 경자년일까?

서력기원과 육십갑자,
해를 세는 두 가지 방법

×

서양에서는 예수가 탄생한 해를 기준으로
해를 센다. 서력기원을 만들 때 예수 탄생
연도를 잘못 계산하는 바람에 서기 1년은 실제
예수가 태어난 해보다 4~6년 늦다고 하지만,
통상적으로 우리가 서기 2019년이라고 하면,
그것은 예수가 태어난 지 이천 열아홉 번째
해라는 뜻이다.

동양에서는 육십갑자의 방식으로 해를 센다.
이는 '갑을병정무기경신임계'로 이뤄진
'십간(十干)'과 '자축인묘진사오미신유술해'로
이뤄진 '십이지(十二支)'를 결합한 60간지로
해를 세는 기년법이다. 서력기원과
육십갑자에는 어떤 특징과 차이가 있을까?

서력기원과
육십갑자의 내력

서기를 처음 만든 사람은 중세 유럽의 신학자 디오니시우스 엑시구스였다. 그는 서기 525년 교황의 명령에 따라 『부활제의 서』라는 책을 써서 예수가 탄생한 해를 로마 건국 기원 754년으로 맞추었는데, 그것이 오늘날의 서기 1년이 되었다. 그 이전을 서기전 또는 기원전이라고 하는데, 영어로는 예수님 오기 전이라는 뜻인 'Before Christ'를 줄여서 BC라고 한다. 기원후는 라틴어로 주님 오신 뒤라는 뜻의 'Anno Domini'를 줄여서 AD로 표기한다.

그런데 디오니시우스 엑시구스가 계산한 예수의 탄생 연도는 틀린 것이었다. 훗날 학자들이 연구한 바에 따르면 예수가 실제로 태어난 해는 기원전 6년 또는 기원전 4년이었다고 하는데, 그때는 이미 서기가 널리 쓰이고 있어서 바꿀 수 없었다.

그렇다면 육십갑자의 첫 번째 해, 그러니까 최초의 갑자년은 언제일까? 중국에서 전해 내려오는 이야기에 따르면 전설상의 건국자인 황제(黃帝)가 나라를 세운 것이 기원전 2697년인데 그해가 갑자년이다. 그러니까 기원전 2697년이 최초의 갑자년이라는 뜻이다. 물론 이것은 후대에 만들어진 이야기다.

분명한 것은 갑골문을 사용하던 상나라(기원전 1600~기원전 1046) 때 이미 간지(干支)를 기록하고 있었다는 사실이다. 이렇게 보면 동양에서 육십갑자를 사용해 해를 센 것이 서양에서 서기를 사용한 것보다 훨씬 더 오래된 전통이라고 하겠다.

서력기원과 육십갑자 이렇게 다르다

서기는 직선적인 기년법이다. 2016년, 3000년, 30000년 하는 식으로 무한히 뻗어 나간다. 반면 육십갑자는 60년마다 반복된다. 이런 차이는 세상이 한 방향으로 나아간다는 기독교의 직선적인 세계관과 세상은 돌고 돈다는 동양의 순환론적인 세계관에서 비롯한 것이다.

서기는 서양에서 발달한 태양력인 그레고리력과 함께 쓰이고 있다. 반면 육십갑자는 동양에서 발달한 태음태양력과 함께 쓰여 왔다. 우리는 2017년과 정유년이 같은 해라고 생각하지만, 2017년은 1월 1일에 시작하고 정유년은 1월 28일 음력설에 시작하므로 사실 서로 다르다.

◑ 오디세이 프리즘

서기와 육십갑자는 둘 다 대자연의 흐름에 인간의 시간을 맞춰 보려는 노력의 산물이다. 그런데 오늘날 육십갑자는 동양에서

만 쓰이고 서기는 전 세계 어디에서나 공통으로 쓰인다. 하지만 서기는 기독교의 색채가 강해 다른 종교를 믿는 사람들에게 거부감을 일으킬 수도 있다. 중국은 서기를 쓰면서도 이것을 '공원(公元)'이라고 부른다. 전 세계인이 함께 쓰는 공적인 기년법이라는 뜻이다. 서양에서도 기독교적 색채가 반영된 BC와 AD 대신 'Common Era', 즉 공통시대라는 말을 쓰는 경우를 볼 수 있다. 이 경우에는 서력기원을 Common Era를 줄여 CE로 표기하고 기원전은 Before Common Era, 즉 BCE로 표기한다.

전 세계가 하나인 지구촌 시대에 모든 나라가 서기를 쓰는 것이 편하기야 하지만 다양한 문화권을 존중하는 의미에서 서기를 공원이나 공통시대라고 부르기도 하는 이유를 생각해 보는 것도 꼭 필요한 일이 아닐까 싶다.

문사철과 후마니타스는 왜 다른 길을 걸었나
동양과 서양의 인문학 전통

×

흔히 '문사철'이라고 부르는 문학·역사·철학을 전공한 사람이라면 대학에서 "문사철 전공하면 밥 굶는다"라는 말 한 번씩은 들어 봤을 것이다. 그런가 하면 한국에서는 몇 년 전부터 후마니타스라는 단어를 심심치 않게 찾아 볼 수 있다. 라틴어로 인간성, 인간사를 뜻하는 '후마니타스'와 문사철, 즉 인문학은 실은 같은 뜻이다. 둘 다 영어로 'humanities'라고 번역하는 것만 봐도 알 수 있다.

문사철과 후마니타스로 일컬어지는 동서양의 인문학을 우리가 이토록 다르게 받아들이는 이유는 무엇일까?

인간의 이성을 믿었던
동아시아의 학문

동아시아 인문학의 정신은 다음과 같은 한 마디에서 출발한다. "자불어괴력란신(子不語怪力亂神)." 『논어』에 나오는 말로, '공자께서는 괴이한 일과 힘을 쓰는 일과 문란한 일과 귀신에 관한 일을 말씀하지 않으셨다'라는 뜻이다. 서양의 영원한 고전인 그리스 신화를 보면 초자연적인 힘을 가진 초인들, 즉 신과 거인들이 세상을 움직이는데, 이것은 '괴력란신'으로 인간 세상을 설명하는 것이다.

동양의 문사철은 인간이 이해할 수 있는 이성의 영역에서 인간과 세계를 설명하고자 했고, 바로 여기서 문사철이 비롯했다. 그리고 2000년이 넘는 세월 동안 동아시아의 학문은 이 같은 인문학 정신에서 벗어나지 않았다. 무릇 사람이라면 문사철을 알아야 하고, 예악사어서수(禮樂射御書數), 즉 예법·음악·활쏘기·말 타기·서예·수리를 다 할 줄 알아야 했다.

신에게 모든 것을 맡겼던
유럽의 중세

19세기 영국의 평론가 매슈 아널드는 근대 유럽 문화의 두 원류를 헤브라이즘과 헬레니즘이라고 말한 바 있다. 그는 헤브라이즘은 유일신을 숭배하고 일원론적이며 윤리적인 세계관을 보여 주고, 헬레니즘은 다신교의 전통 위에서 다원론적이고 과학적 인 세계관을 보여 준다고 했다. 유럽의 중세는 헤브라이즘에 기원을 둔 기독교가 모든 것을 지배하는 시대였다.

흔히, 헬레니즘은 '보면 믿는다'는 신념이고, 헤브라이즘은 '믿어야 보인다'는 신념이라고 한다. 중세 기독교는 신을 믿고 따르면 진리가 보일 테니, 현세의 인간은 독실하게 기도하는 삶을 살면서 천년왕국을 기다리라고 가르쳤다. 인간과 세계에 대한 지식이 신에게 있으니 그를 믿는 인간은 지식을 추구할 필요가 없었다. 신의 말씀을 전하는 성경도 신의 대리자인 사제들만 읽을 수 있었고, 사제들이 신도들에게 자기가 읽은 성경 내용을 알려 주었다. 훗날 인문학의 부활을 주창한 사람들이 중세 천년을 '암흑시대'라고 부른 것은 이런 이유에서였다.

후마니타스를 부흥시킨
르네상스

유럽에서 중세의 막이 내리고 근대로 나아간 시대를 '르네상스' 라고 한다. 르네상스는 19세기 스위스의 문화사가 부르크하르 트가 붙인 이름인데, 프랑스어로 '부활'을 뜻하는 르네상스는 구체적으로 고대 그리스-로마 문화, 즉 헬레니즘의 부흥을 가리킨다. 신에게 모든 것을 맡기던 중세를 벗어나 인간이 모든 것을 알 수 있고 할 수 있다는 고대의 '후마니타스' 정신을 부흥시켰다는 것이다.

하지만 단테와 레오나르도 다 빈치 등이 시작한 르네상스를 꼭 고대의 부흥으로만 치부할 수는 없다. 인간이 인간 자신과 세계에 대한 지식을 추구해야 한다고 생각한 그들은 휘황찬란한 고대 문명의 명성을 빌렸을 뿐, 사실은 그들만의 새로운 후마니타스 세계를 개척했다. 근대적 후마니타스의 주역들은 인간으로 태어난 이상 인간이 할 수 있는 모든 것을 하고, 인간이 알 수 있는 모든 것을 알아야 한다는 신념에 가득 차 있었다. 후마니타스 하면 빼놓을 수 없는 다 빈치는 그림만 잘 그린 게 아니라 해부학에도 조예가 깊었고, 비행물체를 고안하기도 했으며, 심지어는 요리에도 관심이 많아 스파게티와 포크를 처음 만든 이로 알려져 있기까지 하다. 바로 이와 같은 호기심과 지적 욕구가 근대 유럽의 찬란한 후마니타스, 즉 인문학을 창조하는 밑거름이 되었다.

후마니타스를 받아들인 동아시아

후마니타스 정신으로 무장한 유럽의 인문학은 근대 유럽 문명의 확산과 더불어 동아시아에도 수입되었다. 그 선봉에 선 것이 일본의 란가쿠(蘭學), 즉 난학이었다. 여기서 '란'은 네덜란드를 가리키는 말로, 난학은 17~18세기 에도 시대에 네덜란드를 통해 들어온 유럽 학문을 말한다. 난학은 무엇보다 유럽의 근대 과학을 번역하고 소화하는 데 힘썼다. 오늘날 과학이니 문명이니 정신이니 하는 개념들은 동아시아에서 원래부터 쓰던 전통 용어가 아니라 난학 등의 유럽 학문에 의해 번역된 서양 용어이다. 나아가 사회과학, 자연과학, 공학 등으로 이루어진 대학의 학문 분류도 모두 서양에서 수입된 것들이다.

인문학 전통으로 치면 유럽에 뒤질 리 없는 동아시아가 왜 이렇게 서양 학문의 영향을 크게 받게 됐을까? 동아시아의 전통 인문학은 통합적 통찰의 깊이에서는 타의 추종을 불허하는 수준을 자랑하지만, 인간과 자연을 분석적으로 탐구하고 구체적인 원리를 밝혀 새로운 것을 창조하는 근대 과학에서 유럽에 뒤처졌다. 결국 동아시아는 근대의 여명기에 유럽을 따라잡지 못하고 그들의 학문으로 전통 학문을 보완할 수밖에 없었다.

◐ 오디세이 프리즘

오늘날 한국에는 동서양에서 각각 발달해 온 서로 다른 문화가 뒤섞여 있다. 양의와 한의가 공존하고, 개천절·석가탄신일·크리스마스가 모두 공휴일이며 유럽식 거리에서 사주 카페가 성업 중이다. 그 중심에 문사철과 후마니타스가 있다. 우리는 서양 인문학의 최신 성과를 받아들이는 동시에 공자와 퇴계의 사상을 배우려 애쓰고 있다. 깊고도 깊은 문사철의 성찰과 첨단 서양 인문학의 탐구를 우려내어 새로운 문명을 창조하는 것이야말로 현재 우리에게 꼭 필요한 일 아닐까?

신성한 동양의 용,
사악한 서양의 용
더 잘 살기 위한 동서양의 상상력

×

등용문(登龍門)은 용문을 오른다는 의미로,
출세를 위한 관문이나 시험을 뜻한다.
중국 황하의 용문이란 곳에 폭포가
있는데, 물고기들이 이 폭포를 오르면
용이 된다는 고사에서 나온 말이다. 용이
나오는 꿈을 꾸면 좋은 일이 있을 거라는
말처럼, 동양에서 용은 인간에게 좋은 일을
가져다주는 상상의 동물이다. 영어로는 용을
드래곤(dragon)이라고 부른다. 동양에서
길함을 상징했던 것과 반대로 서양에서는
용이 대체로 악의 상징으로 그려지는 이유가
무엇일까?

세상의 창조를 도운
동양의 용

중국 사람들이 용이라는 동물을 상상하기 시작한 것은 아주 오래된 일이다. 지금으로부터 3000년도 더 된 옛날에 상(商)이라는 나라가 있었다. 그 당시에 만들어진 갑골문에는 용을 나타내는 글자만 70개가 넘었다고 한다. 그 오랜 옛날부터 중국인들은 용이 인류 문명에 도움을 주는 이로운 동물이라고 생각했던 것이다.

용은 세상의 창조를 도운 영물이기도 했다. 중국 전설에 따르면 태초에 복희라는 영웅이 있었는데, 어느 날 황하에서 솟아오른 용이 복희에게 세상의 원리를 담은 태극 팔괘를 전해 주었다고 한다. 우리나라에도 해모수라는 영웅이 다섯 마리 용이 끄는 수레를 타고 하늘에서 내려와 고구려와 백제의 뿌리가 되는 부여를 세웠다는 전설이 있다.

세상의 창조를 방해한
서양의 용

유럽 문명의 먼 조상이라고 할 수 있는 메소포타미아의 창조 신화에도 용이 등장한다. 태초의 바다에 살던 이 괴물의 이름은 티아마트였다. 황하의 용이 문명의 탄생을 도운 것과 반대로 티아마트는 천지 창조를 방해한 존재였다. 신들이 한데 모여 하늘과 땅을 만들려고 하자 티아마트가 온갖 괴물을 보내 이를 훼방 놓았고, 이에 마르두크라는 태양의 신이 나서서 티아마트를 죽이고, 그 몸통을 둘로 쪼개 하늘과 땅을 만들었다고 한다.

메소포타미아와 가까운 가나안 지역에서 탄생한 기독교의 전설에서도 용은 사악한 존재로 등장한다. 용의 모습을 한 사탄은 천국에서 나쁜 짓을 하다가 추방되어 땅으로 추락했고, 그 후 늪 같은 곳에 숨어 살면서 사람들을 괴롭히고 신에게 도전하곤 했다고 한다.

인간과 함께한
동양의 용

문명의 시작을 도운 동양의 용은 인간에게 이로움을 주는 동물로 자리매김했다. 특히 바다나 큰 강에 살면서 비를 내려 주는 영물로 인식되었다. 축제에서 흔히 볼 수 있는 행사인 줄다리기는 본래 겨울잠에 든 용을 깨우는 의식이었다. 여기서 줄은 용을 상징하고, 줄다리기는 인간과 용이 어울리는 놀이를 의미한다. 사람들은 이렇게 용을 즐겁게 하면 비가 많이 내려 풍년이 든다고 믿었다.

중국에서는 누런색의 황룡을 황제의 상징으로 삼았다. 이 세상의 중심은 땅이고 땅의 빛깔은 황토색이기 때문이었다. 우리에게도 용은 임금의 상징이었다. 왕의 옷인 곤룡포에는 이름 그대로 황금빛 용이 수놓아져 있었고, 임금의 얼굴은 용안, 임금이 앉는 자리는 용상이라고 불렀다. 삼국통일을 완성한 신라 문무왕의 무덤은 동해 앞바다 가운데에 남아 있어 해중왕릉이라고 하는데, 문무왕은 그곳에서 용왕이 되어 나라를 지켰다고 한다. 지금도 문무대왕릉 근처에 있는 감은사에 가보면, 용왕이 된 문무왕이 드나들었다는 길을 볼 수 있다.

그렇다고 용이 항상 자비롭게만 그려진 건 아니다. 용의 몸에는 81개의 비늘이 있는데, 턱 아래 있는 비늘은 다른 비늘과 반대 방향으로 나 있어서 역린(逆鱗)이라고 부른다. 용은 역린에 손을 대는 자를 반드시 죽인다고 한다. 임금의 노여움을 사지 않게끔 조심하라는 뜻이다.

인간의 적이었던 서양의 용

동양의 용이 물의 속성을 지녔다면 서양의 용은 입에서 불을 내뿜는다는 특징이 있다. 주 서식지도 달라서 물이나 하늘에서 지내는 동양의 용과 달리 서양의 용은 어두운 동굴이나 음침하고 깊은 숲에서 살아간다. 사람들은 사악한 용이 동굴에서 나올 때

폭풍우가 몰아친다고 생각했다.

인간에게 재앙을 가져다준다고 알려진 용은 영웅들의 사냥감이 되곤 했다. 중세 유럽에 실재했던 '용 기사단'은 용과 십자가 그림이 그려진 옷을 입고 용을 퇴치하러 다녔다. 흡혈귀로 알려진 드라큘라의 아버지도 용 기사단의 일원이었기 때문에 용을 뜻하는 '드라큘'이라는 이름을 얻었다(드라큘라는 드라큘의 아들이란 뜻이다). 하지만 용 기사단이 진짜 용을 잡으러 다닌 건 아니었다. 이들은 기독교 세계를 침략한 오스만 제국을 사탄으로 여기고 맞서 싸웠는데, 사탄은 곧 용이었기 때문에 '용 기사단'이라는 이름이 붙었다.

독일의 대표적인 영웅 설화 지크프리트 이야기에도 용은 사악한 존재로 등장한다. 난쟁이족인 니벨룽겐족에 전해 내려오는 반지와 보물을 훔쳐 달아난 파프니르는 동굴 속에서 보물을 지키기 위해 용으로 변하는데, 그 용을 죽이고 보물을 되찾는 영웅이 바로 지크프리트이다. 여기서 용은 사람의 마음속에 도사리고 있는 어두운 욕심을 상징한다고 해석하는 학자도 있다.

◑ 오디세이 프리즘

동양의 용과 서양의 드래곤은 이 둘을 전혀 다른 생명체로 취급하는 사람도 있을 만큼 외형상의 차이가 두드러진다. 동양의 용은 여의주를 물고 하늘 높이 솟아오르는 우아한 모습인 데 반해, 서양의 용은 뱀이나 익룡에 가까워 좀 더 무섭고 추한 모습이다. 어느 쪽이든 상상의 동물 중 가장 거대하고 힘센 존재임에는 틀림없다.

이쯤되면 왜 동양의 용은 인간에게 이롭고 서양의 용은 해로운 동물이 되었는지 궁금해진다. 용은 공통적으로 거대한 자연의 힘을 상징한다. 동서양에서 용의 이미지가 다른 건 동양에서는 자연과 조화를 꾀한 반면 서양에서는 자연을 정복하려 했기 때문이라고 보는 시각도 있다.

분명한 것은 용을 숭상하든 저주하든, 동서양 인류는 용과 같은 전설 속의 동물을 상상함으로써 인간과 세계에 대한 이해를 넓혀 왔다는 사실이다. 인류가 이 험한 세상을 헤쳐 나가는 힘이 상상력에 있다면, 그 오랜 상상력의 집약체가 바로 동서양의 용 아닐까?

세계를 양분한 두 가지 문자

알파벳과 한자는
어떻게 등장했을까

×

오늘날 세계에는 수많은 문자가 있다.
이 문자들은 소리를 나타내는 표음문자와
뜻을 나타내는 표의문자로 나뉜다.
대표적인 표음문자로는 알파벳이 있고,
표의문자로는 한자가 있다.
오늘날 세계의 문자 사용자를 사실상
양분하고 있다고 해도 과언이 아닌 알파벳과
한자, 두 문자가 등장한 배경을 살펴보자.

전 세계로 퍼져나간
알파벳의 흔적

알파벳은 오늘날 시리아와 레바논에 해당하는 고대 페니키아 사람들이 처음 만든 문자이다. 지금은 끊임없는 분쟁과 난민 문제로 골머리를 앓고 있지만, 기원전만 해도 이곳은 지중해를 누비던 상인들의 근거지였다. 상업과 무역에 종사하다 보면 의사소통이 활발하게 이뤄질 수밖에 없기 때문에, 누구나 조금만 배우면 바로 읽을 수 있는 간편한 표음문자가 탄생했다. 이러한 고대 페니키아 문자가 그리스로 전해지며 모음이 추가되었고, 기원전 5세기에 24개(자음 17개, 모음 7개)의 문자로 이뤄진 그리스 알파벳이 완성되기에 이르렀다.

그리스 알파벳은 그때까지만 해도 소수 엘리트의 전유물이던 지식의 대중화를 이끌었다. 그리스인들이 문명의 발전과 함께 세계 곳곳으로 영역을 확장해 나가자 알파벳의 사용도 자연히 확대되었다. 훗날 페니키아와 그리스를 정복한 로마는 그리스 알파벳을 받아들였는데, 이때의 알파벳이 라틴어를 표기하기에 적합한 방식으로 진화하며 오늘날의 알파벳과 거의 유사한 로마 알파벳으로 거듭났다.

로마 알파벳은 이후 서유럽의 여러 나라와 아메리카 대륙, 오세아니아주 등으로 퍼져 나가며 서양 문자의 밑바탕이 되었다. 오늘날까지 러시아를 비롯한 동유럽 국가들은 오랫동안 그리스 지역에 있던 동로마의 영향을 받아 그리스 알파벳과 비슷한 키릴 문자를 사용하고 있다. 아라비아 반도와 북아프리카에 걸쳐 있는 사우디아라비아, 이집트 등 아랍 국가들이 사용하는 아랍 문자, 페르시아 제국의 후예인 이란이 사용하는 이란 문자 또한 알파벳에 기원을 두고 있다. 터키나 인도네시아는 이슬람 국가이면서 로마 알파벳을 변형한 문자를 사용하고 있고, 프랑스의 지배를 받았던 베트남 역시 마찬가지다.

중국에서 생겨나
중국에서 발전한 한자

한자는 중국에서 생겨나 중국에서 발전한 문자이다. 3000여 년 전 상(商)나라의 갑골문에서 시작해 오랜 세월 표의문자로 발달해 온 한자는 그 수가 매우 많다. 청나라 때 강희제가 고금의 한자를 모아 편찬한 『강희자전』에는 무려 4만 7000여 자가 수록되어 있다. 현재 중국에서는 원래의 자형을 간략하게 고쳐 만든 간체자를 쓰고 있다. 일각에서는 親(친할 친)에 見(볼 견) 자가 빠져 亲이 되고, 愛(사랑 애)에 心(마음 심)을 생략하고 爱자가 되었는데, 서로를 살피지 않는 친함과, 마음이 없는 사랑을 인정할 수 없다며 간체자 제정을 반대하는 주장이 제기되기도 했다.

　흥미로운 사실은 번체자를 못 읽는 젊은이들 사이에서 상형

문자인 한자의 특성을 살린 이모티콘이 유행한다는 점이다. 囧 (빛날 경)은 태양이 빛나는 모습을 형상화한 벽자(僻字: 너무 어렵거나 생소해 잘 쓰지 않는 글자)인데, 그 모양이 찡그리거나 울상을 짓는 표정과 닮아 한때 좌절과 우울의 감정을 표현하는 글자로 쓰이곤 했다. 원래의 의미와 전혀 달라지긴 했지만, 뜻을 형상화한 한자의 속성이 오늘날까지 유지되고 있음을 엿볼 수 있다.

그런데 중국인들은 문자를 보내거나 타이핑을 할 때 어떻게 그 많은 글자를 일일이 입력할까? 중국인들은 제 2의 문자라 불리는 한어병음자모(이하 한어병음)를 사용해 문자를 입력한다. 한어병음은 로마 알파벳으로 한자의 소리를 표기한 일종의 발음 부호로, 한어병음을 입력하면 그 소리에 해당하는 간체자가 화면에 표시된다. 예컨대, 한어병음으로 'wo ai ni(워아이니)'를 입력하면 이 알파벳이 '사랑해'를 뜻하는 '我爱你'로 바뀐다.

한편, 최근에는 'C位'라는 단어가 신조어로 등장했다. 이는 Center(중심)의 머리글자와 한자 位(자리 위)가 합쳐진 말로 항상 중심에 위치한 사람, 한국어로 '인싸(인사이더)'를 의미한다. 1958년부터 이어져 온 한어병음에서 시작해, 영어와 한자를 결합해 쓰는 오늘에 이르기까지, 현대 중국인은 알파벳과 한자, 두 가지 문자로 의사소통을 하고 있다고 해도 과언이 아닌 듯하다. 한자만을 최고로 여기던 중국이 필요에 따라 알파벳과 한자를 결합한 것처럼 또 어떤 문화적 포용력을 발휘할지 궁금해진다.

한자와 알파벳, 세계를 양분한 두 가지 문자

앞에서 살펴본 것처럼 알파벳은 소리를 표현하는 표음문자이고, 한자는 뜻을 나타내는 표의문자이다. 표음문자로 쓰인 글은 문자의 발음만 알면 누구나 읽을 수 있다. 예를 들어, 영어의 'father'가 아버지라는 뜻인지 몰라도 그 글자를 보고 '파더'라고 읽을 수 있다. 반대로 표의문자인 한자는 '父'라는 글자를 보고 아버지라는 뜻을 짐작할 수 있지만 어떻게 발음하는지는 알 수 없다.

쉽게 배우고 쓸 수 있다는 장점을 가진 알파벳은 민족 간, 문명 간 교류의 물결을 타고 대륙과 해양을 넘어 수많은 지역으로 퍼져 나갔다. 아편전쟁 발발과 함께 몰락한 중국의 지식인들은 한자와 알파벳을 비교하며, 중국의 발전이 더딘 이유가 배우기 어렵고 정보 전달력이 떨어지는 한자 때문이라고 주장하기도 했다. 하지만 한자가 널리 퍼지지 못한 것이 꼭 표의문자이기 때문만은 아니었다. 한자가 발명된 중국은 일찌감치 중앙집권체제를 구축했고, 이후로도 중심 지역이 크게 변하지 않은 채 문명을 계승해 왔으니, 침략과 정복을 반복해 온 서양 문명과 달리 한자를 사용하는 범위가 한정될 수밖에 없었다.

한자는 하나하나의 글자가 개념을 담고 있기 때문에 배우기 어렵고, 개념이 늘어나는 만큼 글자의 숫자도 늘어나므로 그 수가 엄청나게 많다. 대신에 한자 공부는 세상에 대한 이해로 곧장 이어지기 때문에 한자를 공부할수록 지적 수준도 높아진다. 한자가 세계 4대 문명지에서 살아남은 유일한 문자라는 것만 봐도, 한자가 지닌 생명력을 짐작할 수 있다. 이런 이유로 과거 시험을 통해 관직에 진출했던 동아시아 지식사회에서는 한자가 문명의 상징이자 자부심의 근거가 되어 왔다. 세종대왕이 표음 문자인 훈민정음을 창제할 때 사대부들이 왜 그렇게 반대했는지 알 수 있을 것도 같다.

◑ 오디세이 프리즘

한자와 달리 전 세계에 걸쳐 사용되는 알파벳을 보며, 서양의 문자가 동양의 문자보다 우수하다는 생각이 들 수도 있다. 하지만 따지고 보면 알파벳이 발명된 곳은 서양이 아니다. 페니키아, 지금의 시리아와 레바논은 아시아에 속하니 말이다.

흥망성쇠를 거듭해 온 세계의 역사를 돌아보면 고유한 문화를 고집하는 게 큰 의미가 없다는 생각이 들기도 한다. 정보화 시대의 흐름과 함께 한어병음을 차용한 중국의 모습처럼, 다양한 문화가 뒤섞이고 변화하며 새로운 문명을 창조할 우리의 미래를 기대해 본다.

왜 우리는 정화는 모르고 콜럼버스만 알고 있을까?

파도를 타고 세계를 누빈 동서양의 탐험가

×

2000년도를 앞두고 『뉴욕 타임스』는 밀레니엄 특별 기획에서 중국 명나라 시대의 인물 정화를 동서 교류의 상징적 인물로 꼽았다. 2만 7000여 명의 선원과 60여 척의 대함대를 이끌고 1405년부터 1433년까지 일곱 차례나 남해 여러 나라를 원정한 정화는 동남아시아에서 인도, 아라비아를 거쳐 아프리카 동해안까지 진출해 명나라의 위세를 떨친 인물이건만, 같은 문화권인 우리에게조차 콜럼버스의 이름이 더 익숙하다. 같은 시대에 활약한 동서양의 두 항해가를 비교하면서 세계의 중심이 왜 서유럽으로 넘어갔는지 생각해 보자.

대항해 시대를 주도한
명나라 정화

넓은 땅과 기름진 농토를 가진 중국은 인류 역사의 대부분을 세계에서 가장 부강한 나라로 군림해 왔다. 오늘날 세계 최강이라는 미국이 강대국으로 떠오른 것은 19세기 말의 일이고, 미국의 모체인 서유럽도 15세기 전까지만 해도 이슬람이라는 큰 문명권의 변두리에 지나지 않았다. 15세기 서유럽에 무슨 일이 있었기에 그 짧은 시간 동안 세계의 중심으로 빠르게 진입할 수 있었던 걸까?

15세기 초 이래 서유럽의 화두는 '바다'였다. 유럽인은 아프리카 희망봉을 돌아 인도로 나아갔고, 대서양을 건너 미지의 대륙으로 배를 향했다. 이 '대항해 시대'를 대표하는 인물이 크리스토퍼 콜럼버스다. 그가 대서양을 횡단해 아메리카 대륙에 도달한 것은 인류 역사의 흐름을 바꾸어 놓은 대사건이었다. 그 뒤 서유럽은 전 세계를 향해 팽창을 거듭한 끝에 아편 전쟁을 일으켜 1842년까지 세계 최강국이었던 중국을 무릎 꿇렸다.

중국이라고 대항해 시대에 바다를 향한 눈을 감고 있었던 것은 아니었다. 중국도 큼직한 배들을 만들고 바다로 진출했다. 15세기 중국의 '대항해 시대'를 주도한 인물은 정화라는 이슬람계 명나라 사람이었다. 그런데 왜 우리는 콜럼버스는 알면서 정화는 모르고 있을까?

정화는 어떻게
바다의 왕자가 되었나

1422년 정화가 이끄는 명나라 함대가 동아프리카 해안의 교역 중심지 가운데 하나인 말린디(지금의 케냐 남동부에 있는 도시)에 도착했다. 중국 함대에는 말린디 인구보다 많은 2만 7천여 명의 선원이 타고 있었다. 중국과 아프리카의 교역은 기원전 2, 3세기부터 계속되었지만 중국 황제의 사절이 직접 아프리카 땅을 밟은 것은 이때가 처음이었다.

중국의 함선들이 싱가포르, 자바, 수마트라, 인도 등을 거쳐 머나먼 아프리카까지 진출한 것은 1402년에 즉위한 명나라 황제 영락제의 의지에서 비롯되었다. 그는 중국의 전성기였던 당나라 때의 국력을 회복하려면 원나라 때 잃어버린 해상 교역로의 주도권을 되찾아야 한다고 생각했다. 그래서 관료들에게 배의 건조와 함대의 조직을 명령하고 그 책임을 서역 출신인 정화에게 맡겼다.

정화는 한족의 명나라가 몽골족의 원나라를 중국 땅에서 밀어내던 격동의 시기에 태어났다. 그의 성은 본래 마(馬)씨였는데 이것은 '무하마드'에서 따 온 말로, 이슬람계 사람들이 사용하던 한자 성이었다. 1382년 정화의 고향인 윈난성이 명나라의 공격을 받자 그의 아버지는 끝까지 원나라 편에서 싸우다 살해당했고 어린 정화는 거세당하는 비극을 겪어야 했다.

그 후 정화는 환관이 되어 영락제를 섬기면서 정씨 성을 하사받고, 바다의 왕자로 거듭날 기회를 잡았다. 당시에는 아랍, 이란, 인도 등의 이슬람계 상인들이 인도양의 교역로를 장악하고 있었다. 이슬람 출신으로 아라비아어에 능통했던 정화야말로 명나라 함대를 이끌 적임자였다.

정화는 1405년부터 1433년까지 영락제의 명을 받아 모두 일곱 차례에 걸쳐 대선단을 이끌고 남중국해로 나갔다. 그는 남중국해의 태풍과 인도양의 사이클론을 헤치고 동남아시아에서 서남아시아를 거쳐 아프리카에 이르는 30여 개국을 원정했다. 그리고 그곳에서 명나라의 국위를 선양하고 무역의 실리를 획득했다. 정화의 원정으로 바다에 대한 중국인의 인식은 새로워졌고, 이때부터 동남아시아 각지로 중국인이 진출하여 본격적인 화교 사회가 발달하기 시작했다.

황금의 땅을 향한 모험! 콜럼버스의 대서양 횡단

1492년 크리스토퍼 콜럼버스가 이끄는 에스파냐 선단은 장장 2000킬로미터에 이르는 대서양 항해 끝에 '인도'로 추정되는 육지를 발견했다. "티에라(육지다)!"라는 선원 후앙 베르메호의 외침에 벌떡 일어난 바다의 사나이들은 새벽안개 속에 거무스

름하게 다가오는 땅덩어리를 바라보며 일제히 환호를 올렸다. 세 척의 배에 나누어 탄 선원들은 '지중해도 아프리카 남단도 거치지 않고 인도로 가는 제3의 뱃길'을 찾아 에스파냐의 팔로스 항을 떠난 사람들이었다.

인도는 유럽에서 폭발적인 인기를 끌고 있던 향신료와 금이 풍부하게 나는 곳이었다. 유럽에서 이 꿈의 나라로 가려면 내륙이나 지중해를 통해 동쪽으로 곧장 가는 것이 가장 손쉬운 방법이었지만, 유럽에 적대적인 오스만 제국이 이미 지중해 일대를 차지하고 있었다. 유럽의 '대항해 시대'를 연 포르투갈 사람들은 인도로 가는 우회로를 찾아 아프리카 서쪽을 더듬었다. 아프리카 대륙 남단을 돌아서 인도양으로 가면 이슬람 세력과 충돌하지 않고도 인도로 갈 수 있기 때문이었다.

그런데 이처럼 먼 길을 돌아갈 것 없이 반대편인 서쪽으로 대서양을 가로질러도 인도와 만날 수 있다고 주장하는 사람이 나타났으니 그가 바로 콜럼버스였다. 콜럼버스는 친구인 수학자 토스카넬리에게서 구한 지도를 연구한 끝에 서쪽으로 항해해도 인도에 도달할 수 있다는 확신을 얻었다.

1484년 콜럼버스는 포르투갈 왕 주앙 2세에게 대서양 항해 탐험을 제안했으나, 아프리카 남단의 희망봉을 돌아가는 항해를 계획 중이던 왕은 이 제안을 거절했다. 그러자 콜럼버스는 포르투갈을 떠나 에스파냐로 갔다. 그 당시 에스파냐는 카스티

야와 아라곤으로 나뉘어 있었는데, 카스티야 여왕 이사벨라 1세와 아라곤 왕 페르난도 2세는 결혼하여 공동 국왕으로 나라를 다스리고 있었다. 그들은 이웃인 포르투갈이 선점하고 있던 해외 진출에 관심을 갖고 있던 터라 다소 무모해 보이는 콜럼버스의 제안을 받아들였다. 1492년 '콜럼버스는 발견한 토지의 부왕(副王)으로 임명될 것이며, 이 직책과 새로이 발견된 지역에서 얻어지는 모든 이익의 10퍼센트를 취한다는 특권을 자손 대대로 물려준다'는 계약이 이루어지고, 콜럼버스에게는 자금과 배가 지원되었다.

그 당시 많은 사람들은 콜럼버스 일행이 인도에 도달하기는커녕 살아 돌아오지도 못할 것이라고 믿었다. 사실 여러 측면을 고려할 때 콜럼버스의 제안을 거절한 주앙 2세의 판단은 신중한 것이었고, 이사벨라 여왕의 선택은 모험이었다. 그러나 콜럼버스는 2개월이 넘는 항해 끝에 '인도의 서쪽'으로 여겨지는 땅(실제로는 카리브해의 한 섬)에 보란듯이 도착했고 이곳에 서인도제도 식민지를 개척했다. 그보다 6년 뒤인 1498년 포르투갈의 바스코 다 가마는 아프리카 남단을 돌아 마침내 진짜 인도에 도착했다. 콜럼버스와 바스코 다 가마의 성공을 본 유럽인은 일제히 흥분하며 저마다 '황금의 땅'을 찾아 대서양으로, 인도양으로 나서기 시작했다. 이 열풍은 당시까지만 해도 은둔의 땅이었던 서유럽을 세계로 팽창시키는 원동력이 되었다.

콜럼버스를 압도한 정화의 클래스

항해와 모험의 역사를 말할 때 우리는 정화라는 이름을 빼놓고 지나가는 경우가 많다. 그러나 정작 15세기의 세계로 가서 정화의 서양취보선과 콜럼버스의 산타마리아호를 비교해 보면, 우리의 고정 관념은 여지없이 깨지고 만다.

정화의 대함대에 비하면 그보다 몇 십 년 뒤에 활약한 콜럼버스의 탐험선들은 장난감에 지나지 않았다. 정화의 대범선은 길이 120미터, 폭 40미터에 이르는 1500톤급의 거대한 배로, 무려 50개 이상의 선실을 갖추고 있었다. 항해에 나선 정화의 함대는 62척의 대범선과 이들을 따르는 백수십 척의 함정으로 이뤄졌다. 반면, 팔로스 항을 떠난 콜럼버스의 배는 산타마리아호와 핀타호, 니냐호를 합해 총 세 척뿐이었다. 콜럼버스의 산타마리아호는 길이 27미터, 폭 9미터였고, 다른 두 척까지 합쳐 봐야 400톤을 밑돌았다. 선원의 수도 정화의 함대가 2만 7천 명이었던 반면, 콜럼버스의 선단은 90명이 채 안 되었다. 정화 함대의 배 한 척에 콜럼버스의 산타마리아 선단을 다 싣고도 남는다는 이야기이다.

세계 역사에서 정화의 함대 같은 대규모 함선의 이동은 정화가 활약한 지 500년이 지난 제1차 세계 대전까지 어디서도 찾아 볼 수 없었다. 시기적으로도 정화는 바스코 다 가마보다 거의 1세기나 앞서 인도양에 도달했다. 지금도 말라카(말레이시아에 있는 항구 도시), 인도네시아, 태국, 미얀마, 캄보디아, 베트남, 필리핀 등지에서는 정화를 바다의 신으로 기리는 많은 유적들을 찾아볼 수 있다.

● 오디세이 프리즘

19세기 말 이래, 세계의 바다는 서양 사람들이 주름잡아 왔다. 대항해 시대 이래 서양은 꾸준히 바다로 진출한 반면 중국을 비롯한 동양은 쇄국정책을 펴면서 바다를 멀리했기 때문이다.

정화가 7차 항해를 무사히 마치고 귀환했을 때 그를 기다리고 있던 것은 원양 항해 금지라는 청천벽력 같은 명령이었다. 영락제가 죽자 유학자 관료들은 대규모 함대는 국고의 낭비일 뿐이라며 목소리를 높였다. 중국 자체가 '지대물박'한데 무엇 때문에 인력과 경비를 들여 이역만리까지 돌아다니느냐는 이유에서였다. 정화는 난징 사령관으로 좌천되었고 그가 이끌던 거대한 함선들은 양쯔강의 정박장에서 썩어 갔다.

그에 비해 기껏해야 20미터 정도밖에 되지 않는 돛단배로 아프리카 연안과 대서양을 들락거리던 유럽인은 곧 거인으로 성장했다. 그들은 비좁고 보잘것없는 나라에서 벗어나 외국에서 한 밑천 잡고야 말겠다는 모험 정신을 가지고 있었던 것이다.

라이벌 강대국의 계보,
고대에도 있었던 G2

세계 재패를 꿈꾸었던
한나라와 로마 제국

×

요즘 미국과 중국 사이의 기싸움이 대단하다. 동서양을 대표하는 두 강대국의 역사적 계보는 머나먼 고대까지 거슬러 올라간다. 미국은 로마 제국으로부터 이어지는 서양 문명의 정통을 이은 나라라는 자부심이 대단하다. 그런가 하면 오늘날 중국의 토대는 시황제의 진나라를 이은 한나라 때 세워졌다. 동서양 고대 문명을 통합해 두 대륙에 우뚝 섰던 고대 제국, 한나라와 로마 제국에 대해 살펴보자.

한나라와 로마 제국
동서 문명의 금자탑을 쌓다

아주 오랜 옛날 유라시아 대륙과 인도 대륙은 서로 떨어져 있었다. 그러던 어느 날, 인도 대륙이 북쪽으로 올라와 유라시아 대륙의 가운데 아랫부분을 들이받았다. 이때의 충격으로 솟아오른 곳이 바로 히말라야 산맥과 중앙아시아의 산악 지대이다. 갑자기 솟아오른 땅덩어리는 유라시아 대륙의 인류 문명을 동과 서로 갈라 놓았다. 이렇게 서로 다른 방향으로 갈라진 동쪽의 황하 문명과 서쪽의 메소포타미아 문명은 세월의 흐름 속에서 각기 동쪽의 한나라와 서쪽의 로마 제국으로 흡수되었다.

로마 제국과 한나라는 그때까지 동과 서에서 발달해 온 문명의 성과들을 묶어 거대한 금자탑을 쌓았다. 처음에 상대방이 있는지조차 몰랐던 두 지역의 사람들은 점차 제국으로 성장하면서 서로에게 가까이 다가갔다. 그리고 마침내는 사상 처음으로 동서문명을 대표해 마주하는 장면도 만들어 냈다.

고대 G2의 엇갈린 만남

한나라와 로마 제국이 만날 뻔했던 첫 장면은 서기 97년 지금의 이란 부근에서의 일이다. 당시 한나라는 실크로드 서쪽 끝에 대진(大秦)이라는 제국이 있다는 걸 알고 있었는데, 그 대진이 바로 로마 제국이었다. 후한의 서역도호 반초는 부관 감영을 서쪽으로 보내 로마로 가는 길을 뚫으라고 했다. 반초는 한나라가 서역과 교류하는 걸 방해하던 흉노를 격퇴하고 실크로드의 오아시스 국가들을 지배한 인물이었다.

반초의 명령을 받은 감영은 지금의 이란에 자리 잡고 있던 파르티아까지 거침없이 나아갔다. 중국인이 안식국이라고 부르던 파르티아는 당시 유라시아 서쪽의 패권을 놓고 로마 제국과 치열한 싸움을 벌이고 있었다. 감영이 파르티아에서 융숭한 대접을 받고 로마를 향해 떠날 채비를 차릴 때, 파르티아 뱃사람들이 감영을 말렸다. 로마로 가려면 바다를 건너야 하는데 그 바다는 너무 넓어서 순풍이라도 3개월, 역풍일 때는 2년이나 걸리고 살아 돌아오기도 힘들다는 이유였다. 감영은 용감한 사람이었지만 바다 경험은 없었기 때문에, 기가 꺾여서 그만 로마로 가는 걸 포기하고 발길을 돌렸다. 파르티아인의 말은 거짓말이었다. 한나라와 로마 제국 사이에서 중개 무역의 권리를 누리고 있던 파르티아는 두 제국이 직접 교류하는 걸 원하지 않았기 때문인데, 이로 인해 두 제국이 만날 수 있었던 절호의 기회가 물건너가고 말았다.

한나라와 로마 제국이 직접 만난 것은 그로부터 69년 뒤인 서기 166년의 일이었다. 『후한서』에는 환제 때 대진국 황제 안돈이 보낸 사신들이 사흘 동안 낙양에 머물며 연회를 비롯한 극진한 환대를 받았다고 기록되어 있다. 하지만 그때는 한나라나 로마 제국이나 이미 옛날의 영광을 뒤로한 채 기울어 가던 중이었다. 결국 두 제국의 교류는 계속되지 않았고, 양쪽 모두 이민족의 침략에 시달리면서 실크로드의 교역도 끊기고 말았다.

역사의 호수에 비춰 본
두 제국의 얼굴

한나라와 로마 제국 앞에는 각각 춘추전국시대와 고대 그리스가 있었다. 춘추전국시대는 공자, 노자, 묵자 등의 제자백가를 배출하며 동아시아 문화의 기초를 마련했다. 고대 그리스 역시 탈레스에서 아리스토텔레스로 이어지는 철학자들을 배출하며 유럽 문화의 주춧돌을 놓았다.

한나라와 로마 제국은 동서양의 문화 전통을 정치적으로 계승하고 통합해 후세에 물려주었다. 한나라는 유학 이념을 확립해 동아시아 2000년의 전통을 창조했다. 로마 제국은 '역사의 호수'라는 독일 역사학자 슈펭글러의 말처럼 고대 그리스 문화를 이어받아 이후 유럽으로 전해 주었다.

두 제국의 그림자 위에 선 동과 서는 전혀 다른 모습으로 역사를 꾸려 왔다. 동아시아 각국은 중간에 이합집산은 있었지만, 기본적으로 한나라가 확립한 사회 구조를 이어받아 각자의 자리에서 오랜 세월동안 살아 왔다. 반면 유럽 각국이 로마 제국으로부터 이어받은 것은 끊임없는 변화와 중심의 이동이었다. 로마 제국에서 프랑크 왕국으로, 또 신성로마 제국으로, 영국으로, 미국으로 끊임없이 중심이 바뀌어 나갔으니 말이다.

● 오디세이 프리즘

20세기 미국은 명실상부한 세계 최강대국이었다. 19세기 말부터 경제 강국으로 성장한 미국은 제1차 세계 대전과 제2차 세계 대전을 거치면서 세계의 정치 경제를 좌우하는 초강대국으로 부상했다. 1945년 이후의 세계 질서는 미국이 창조하고 이끌어 왔다고 해도 과언이 아니다. 로마 제국이 지중해 주변의 서양 세계에서 했던 역할을 미국은 전 세계를 대상으로 해온 것이다. 19세기 후반부터 과거의 영광을 잃고 세계사의 대로에서 뒤처져 있던 중국은 20세기 말부터 새로운 웅비(雄飛)를 시작했다. 21세기 들어서는 미국이 주도하는 세계에 또 하나의 초강대국으로 올라서려는 야심을 숨기지 않고 있다.

우리는 로마 제국이 숱한 이웃나라를 정복했다는 것도 알고 있고, 한나라가 우리 역사상 최초의 국가인 고조선을 멸망시켰다는 것도 잘 알고 있다. 21세기 세계의 두 강대국으로서 미국과 중국이 그런 고대적인 방식으로 세계를 이끌려 해서는 물론 안

될 것이다. 더구나 세계의 모든 나라가 두 강대국과 일정한 관계를 맺으면서 그들의 일거수일투족을 주목하고 있지 않은가. 특히 한국은 20세기 후반 이래 미국과 밀접한 관계를 유지해 왔고 중국과는 최근 들어 경제적으로 긴밀한 관계를 맺고 있다. 두 강대국이 고대 제국의 패권적인 방식을 계승하는지, 문화 교류와 융합의 역할을 계승하는지 모두 함께 주시해야 할 것이다.

18세기 조선은 왜
혁명의 역사를 쓰지 못했나
왕의 도시로 남은 서울,
시민의 도시가 된 파리

×

18세기는 역사학자들에게 큰 문제를 던져
주고 있는 시기이다. 그 100년 동안 동서양은
서로 융성한 문화를 자랑하며 번영하고
있었는데, 어찌하여 그 다음 19세기에 서양은
산업혁명과 함께 새로운 시대로 나아간 반면,
동양은 갑자기 정체되어 서양의 지배를 받게
되었을까? 18세기에 가장 번영한 도시였던
서울과 파리에서 그 실마리를 찾아 보자.

왕의 도시, 서울

18세기 조선은 영조와 정조의 시대였다. 흔히 탕평의 시대로 불리는 그 시절, 조선은 전쟁의 참화를 씻고 문화부흥을 이루고 있었으며, 조선의 중심인 서울도 이전에 비할 수 없는 활기를 띠고 있었다.

서울은 왕의 도시라는 관점에서 보면 놀랄 만큼 완벽한 구조를 가진 계획도시였다. 영조와 정조는 임진왜란으로 파괴된 경복궁 대신 창덕궁에서 주로 정사를 돌봤지만, 서울의 기본 구조는 바뀌지 않았다. 백악산의 호위를 받으며 서울을 굽어보는 경복궁 좌우로 왕실의 사당인 종묘와 곡식과 토지의 신에게 제사를 지내는 사직이 자리잡고 있었다. 이러한 배치를 '좌묘우사(左廟右社)'라고 한다. 경복궁 앞으로 펼쳐진 대로 양쪽으로 육조를 비롯한 관청이 있었고, 그 옆으로는 육의전을 비롯한 시장 거리가 펼쳐져 '전조후시(前朝後市)'의 광경을 이뤘다.

서울은 궁궐과 관청가로 이루어진 개천, 정치의 공간인 북쪽, 상업의 공간인 개천 연변과 남쪽으로 구분되었다. 뛰어난 건축가이기도 했던 정도전이 약 3000년 전 『주례』「고공기」라는 고대 중국 문헌에 실린 도성의 설계 원칙을 조선의 현실에 맞게 응용한 결과였다. 오랜 전통 위에 세워진 도시답게 18세기의 서울은 왕의 도시로서 한 치의 흐트러짐도 없는 위엄을 뽐내고 있었다.

시민의 도시, 파리

18세기 말의 파리는 어땠을까? 파리의 도시 구조는 앞서 본 서울에 비하면 구조가 꽉 짜여 있다는 느낌이 덜하다. 당시 파리는 서쪽의 에투알 장벽과 튀일리궁을 잇는 샹젤리제 거리부터 동쪽으로 난 센강을 따라 주요 건물들이 밀집해 있었다. 홍수라도 나면 어쩌려고 저럴까 의문이 들기도 하지만, 유럽의 하천은 홍수가 잘 나지 않는다고 한다.

왕의 도시로 군림하던 파리는 18세기 말 프랑스대혁명을 거치며 대대적인 변화를 겪었다. 샹젤리제 동쪽에 있는 콩코르드 광장의 본래 이름은 '루이 15세 광장'으로, 이곳은 루이 16세와 마리 앙투아네트의 결혼식이 열릴 만큼 상징적인 공간이었다. 이후 혁명이 일어나며 프랑스대혁명을 상징하는 '혁명 광장'으로 바뀌었고, 지금은 화합을 뜻하는 콩코르드 광장으로 불리고 있다.

콩고르드 광장 옆의 튀일리궁은 옛날 루이 14세가 거처하던 곳인데, 베르사유로 이전했던 수도가 혁명 뒤에 파리로 옮겨 오면서 국민제헌의회 본부가 되었다. 그 옆의 루브르궁 역시 혁명정부의 결정에 따라 박물관으로 지정되어 시민에게 공개되었다. 자유·평등·박애의 가치를 지지하는 파리의 시민들은 파업과 시민을 벌이기로 유명하다. 시민의 도시 파리의 혁명은 여전히 진행 중이다.

귀족을 넘고자 했던
파리의 부르주아지

프랑스혁명 당시 프랑스의 신분 제도는 제1신분인 사제, 제2신분인 귀족, 제3신분인 평민으로 나뉘어 있었다. 전체 인구의 2퍼센트에 불과한 제1신분과 제2신분은 경제적·정치적 특권을 누리고 있었던 반면, 제3신분은 인구의 다수를 차지하면서도 세금과 투표권 등의 측면에서 불평등한 대우를 받고 있었다. 1789년에 세 신분의 대표가 모인 삼부회가 열리자, 제3신분의 대표 시에예스는 이렇게 외쳤다.

제3신분이란 무엇인가? 모든 것이다. 그들은 지금까지 정치질서에서 무엇이었던가? 아무것도 아니었다. 그들은 무엇을 요구하는가? 무엇인가 되고자 한다.

무엇인가 되고자 하는 제3신분의 선두에는 당시 성장하고 있던 시민계급, 즉 부르주아지가 있었다. 그들은 상공업에 종사하며 부를 이뤘지만 정치적으로는 계속 차별을 받는 데 분노했다. 결국 왕정을 폐지하고 제헌의회를 구성해 수도를 다시 파리로 옮긴 것도 그들이었고, 루이 15세 광장과 튀일리궁을 시민의 공간으로 바꾼 것도 그들이었다. '앙시앵레짐'이라고 불린 구체제의 기득권 세력은 수와 능력에서 그들의 상대가 될 수 없었다.

양반을 동경했던
서울의 중인

18세기 조선에서 프랑스의 부르주아지와 비슷한 사람들을 꼽자면 중인 계급을 들 수 있다. 중인은 하급 관리나 역관, 의원 같은 사람들을 가리키는데, 평범한 양민들보다는 사회적·경제적으로 성공을 거두었지만 양반의 특권은 누릴 수 없는 사람들이었다. 그러나 중인 계급과 서양의 부르주아지 사이에는 결정적인 차이가 있었다. 부르주아지는 귀족을 미워하고 그들을 넘어서려 했지만, 중인은 양반을 부러워하고 그들을 닮으려 했다.

중인의 문화를 상징하는 것으로 책과 문방구 등이 진열되어 있는 책꽂이를 그린 책가도(冊架圖)가 있다. 양반처럼 많은 책을 구할 수도, 읽을 수도 없었던 중인들은 양반의 서재를 흉내낸 책가도를 구입해 집에 걸어 두곤 했다. 오늘날 중인들은 서촌이라 불리는 경복궁 서쪽 동네에 몰려 살았는데, 김홍도가 그린 「송석원시사야연도(松石園詩社夜宴圖)」에서도 볼 수 있듯이 그들은 양반들처럼 정기적으로 시 짓는 모임을 갖곤 했다. 돈 많은 중인은 양반 족보를 사들여 신분 세탁을 하기도 했다. 어찌 보면 비슷한 상황에 처해 있던 서울의 중인 계급이 프랑스 부르주아지와는 참으로 다른 길을 갔다는 것이 놀랍다.

조선의 기존 체제는 프랑스의 앙시앵레짐보다 안정된 구조를 갖추고 있었고, 양반들의 수준도 지적으로나 정치적으로나 서양 귀족들보다 뛰어났다. 어쩌면 그래서 조선의 중인들이 프랑스의 부르주아지처럼 혁명을 일으키기는커녕 양반을 쫓아가려고만 했던 걸지도 모른다. 안정된 사회 구조로 인해 역설적으로 조선의 근대 시민사회 진입이 늦어졌고, 끝내 19세기 세도정치를 거쳐 식민지로 전락했다는 사실을 떠올리면 역사의 흥망성쇠가 새삼스럽게 다가온다.

임칙서가 보여 준 애국의 품격

아편전쟁,
서세동점의 문을 열다

×

오늘날 중국의 신장웨이우얼자치구에
속하는 투루판에는 실크로드의 발원지인
지하수로가 있다. 이 지하수로를 넓히는 데 큰
공을 세운 임칙서는 투루판에 가기 전까지는
광저우에서 당시 중국에 광범위하게 퍼져
있던 아편을 근절하는 임무를 수행했다. 그런
임칙서가 파직당해 신장으로 쫓겨 간 이유는
아편전쟁을 유발했다는 모함을 뒤집어썼기
때문이었다. 임칙서 때문에 일어났다는
아편전쟁은 근대에 서양이 동양을 지배하는
서세동점의 흐름을 결정짓는 계기가 되었다.

영국 동인도회사, 중국에 아편을 팔다

19세기 초 영국은 대영제국이라고 불릴 만큼 세계에서 가장 앞서가는 무역 대국이었다. 영국은 중국의 드넓은 시장이 탐이 나 18세기 말부터 끊임없이, 중국을 지배하고 있던 청나라와의 교류를 추진했다. 그러나 청나라는 중화주의를 내세워 영국에게 조공-책봉 관계를 요구했고, 광둥성을 포함한 일부 해안 지역을 개방했다. 그렇게 제한적인 지역을 통해서도 엄청난 규모의 무역이 이루어졌는데, 주로 영국이 청나라의 비단과 차, 도자기 등을 수입했을 뿐 청나라가 사들인 영국의 공산품은 얼마 되지 않았다. 당시 국제 무역의 주요 결제 수단이었던 은이 영국에서 청나라로 엄청나게 들어가게 된 까닭이다.

사정이 이렇다 보니 아시아에서 영국의 무역을 관장하던 동인도회사는 어떻게 하면 이 은을 회수할 수 있을까 고민할 수밖에 없었다. 하지만 청나라가 영국에 전면적으로 시장을 개방하지 않는 한 뾰족한 수가 없었다. 그러자 영국의 아시아 무역을 주도했던 동인도회사는 중국인이 아편을 좋아한다는 데 착안해서는 안 될 일을 벌였다. 영국의 식민지인 인도에서 재배한 아편을 청나라에 밀수출해 은을 되찾겠다는 심산이었다. 동인도회사의 계획대로 중국에서는 광저우를 중심으로 아편이 걷잡을 수 없이 퍼져 나갔다.

임칙서의 아편 금연 대업

1839년, 청나라 황제 도광제는 아편의 폐해를 막기 위해 임칙서를 흠차대신으로 임명해 광저우에 파견했다. 임칙서가 이 같은 대업을 맡게 된 것은 호광총독을 지내던 시절 '전국에 만연한 아편으로 인해 10년 안에 나라가 망할 지경'이란 상소를 올린 바 있기 때문이었다. 당시 중국에서는 아편 밀수 대금으로 빠져 나간 은값이 오르자 은을 기준으로 세금을 내던 농민들의 불만이 하늘을 찌르고 있었다.

임칙서는 우선 모든 관리를 청사에 소집해 여섯 시간 동안 한 자리에 세워 놓았다. 그러자 아편에 중독되어 손발을 떨면서 픽픽 쓰러지는 관리가 속출했다. 임칙서는 이렇게 관가를 숙청한 뒤 관청과 결탁한 밀매 조직을 적발하고, 광저우에 주재하는 영국인 상관(商館)과 동인도회사 소속인 영국 상선 튜나호가 아편 밀매에 관련되어 있다는 사실을 밝혀냈다. 튜나호를 억류하고 영국인 상관을 포위한 뒤 아편을 내놓으라고 통보했는데도 영국인들이 버티자, 임칙서는 상관에 들어가는 물과 음식을 차단했다. 영국인 신부가 방문해 단식으로 저항하겠다고 하자 임칙서는 이렇게 말했다.

"당신들이 하루 단식하면 나도 하루 단식하겠소. 그렇게 명분 없는 단식을 계속하다 죽으면 내 기꺼이 그 죽음을 축하해 주리다."

영국 정부도 공식적으로는 아편의 밀무역을 금지하고 있었기 때문에 결국 통상 대사 찰스 엘리엇을 파견해 튜나호가 숨긴 아편 2만여 상자를 내주고 선원들을 철수시켰다. 임칙서는 그렇게 압수한 아편을 석회와 섞어 바다에 흘려 보냈다. 아편은 열과 소금에 약한데 석회는 물을 만나면 연기를 내며 열을 발생시키기 때문이었다.

오명을 무릅쓴
아편전쟁의 발발

영국의 빅토리아 여왕은 이 사건을 보고받고 "나도 중국인이었으면 임칙서처럼 했을 것"이라 말했다고 한다. 그러나 800만 파운드의 손실을 입은 밀매업자와 통상 기지를 잃은 무역 관료는 여왕과 의회를 상대로 중국과 전쟁을 벌일 것을 집요하게 설득했다. 명분 없는 전쟁에 대한 반대도 적지 않았지만, 결국 의회는 271 대 262로 전쟁을 의결하고 말았다. 그때 빅토리아 여왕은 또 이렇게 말했다.

"영국인의 안전도, 800만 파운드의 손실도 문제가 아닙니다. 자유무역에 대한 거부가 다른 나라에까지 파급되면 대영제국은 1년 만에 멸망합니다. 중국을 소유하면 19세기를 소유하는 겁니다."

빅토리아 여왕의 말은 영국이 안팎의 비난을 무릅쓰고 하필 '아편' 문제로 개전한 이유를 설명해 준다. 중국에서 아편을 밀매해 얻은 은은 세계 무역의 결제 수단이었다. 더 나아가 아편 무역은 영국이 인도를 지배하는 데 빼놓을 수 없는 요소이기도 했다. 즉, 영국은 제국을 유지하기 위해서라도 중국 내 아편의 '자유 무역'을 수호할 수밖에 없었던 것이다.

아편전쟁의 또 다른 목적은 1825년 과잉 생산으로 발생한 세계 최초의 공황 사태를 해결하기 위해서였다. '4억 중국인의 셔츠가 1인치만 늘어나도 영국의 공장들이 30년 가동된다'는 유행어가 나돌 정도로, 중국 시장의 개방은 영국 경제의 절실한 과제였다. 영국은 끊임없이 중국 시장의 개방을 추진했으나, 청 왕조는 중국이 지대물박(地大物博)해서 무역이 필요 없으니 조공이나 하라며 일축하고 있었다. 중국의 무역 제한을 철폐시키고 무역과 군사상의 이권을 선점하는 일은 영국의 사활이 걸린 문제였다.

1839년 6월 '신의 보복'이란 뜻을 가진 철갑선 네메시스호를 앞세운 48척의 영국 함대가 쳐들어왔다. 함포를 앞세운 영국군이 톈진 인근까지 접근해 베이징을 압박해 오자 청 왕조 내에서는 점차 협상론이 고개를 들었다. 심지어는 지나친 강경책으로 전쟁을 유발했다는 이유로 임칙서에게 책임을 물어야 한다는 주장까지 나왔다. 중국이 스스로 망하는 길을 택한 것이다.

임칙서가 남긴 것

베이징으로 소환된 임칙서는 결국 파직당하고 신장으로 쫓겨가게 되었다. 신장으로 가는 길에 시안에 들른 임칙서는 훗날 중국의 원자바오 총리가 좌우명처럼 소개한 구절이 들어 있는 고별의 시를 남겼다.

국가에 이롭다면 목숨도 아깝지 않으니　　(苟利国家生死以)

어찌 내 몸에 해가 된다고 피하겠는가?　　(因祸福避趋之)

봉건적인 애국정신이 물씬 풍기는 시를 읽고 나면 임칙서를 봉건 왕조의 몰락을 막아 보려던 구시대의 애국지사로만 생각하기 쉽다. 그러나 실패한 아편 금연 대업이 임칙서의 전부라고 생각하면 큰 오산이다. 타클라마칸 사막을 빙 둘러싼 신장웨이우얼자치구에서 예상치 못한 임칙서의 자취를 만날 수 있기 때문이다.

1841년 이리에 도착해 신장 생활을 시작한 임칙서는 1845년 1월 처음으로 투루판을 방문해 지하수로 카레즈의 존재를 알았다. 그해 2월 도광제의 명을 받고 다시 투루판으로 간 그는 예순이 넘은 나이에도 불구하고 모래바람과 뜨거운 햇볕을 이겨내며 개간 사업을 지휘했다. 국가는 그를 버렸지만 그는 버림받은 곳에서도 백성과 함께했다.

임칙서는 분명 충군애민 사상에 충실한 봉건 관료의 범주에 속하는 인물이었지만, 세상이 변하는 줄도 모르고 낡은 중화주의에 집착하는 무모한 인물은 아니었다. 아편 금연 대업을 위해 광저우에 갔던 임칙서는 1839년 서방 세계를 이해하기 위한 번역 집단을 조직했다. 임칙서 자신도 영어와 포르투갈어를 어느 정도 이해하고 있었다. 그는 영국인이 간행한 *Canton Press*(『광저우주보』), 스위스인 바텔의 저서 *Le droit des gens*(『국제법』) 등을 번역하고, 영국인 머리가 세계 30여국의 역사, 지리, 정치 등을 정리한 *Encyclopaedia of Geography*를 번역해 『사주지(四洲志)』를 펴냈다.

청 말의 사상가 위원이 펴낸 『해국도지(海國圖志)』는 이러한 임칙서의 번역 성과를 묶어 낸 세계 역사 지리서였다. 동아시아 근대 사상사에서 중요한 위치를 차지하는 이 책은 청말 양무운동과 일본의 메이지유신에 영향을 미쳤다. 위원은 21세 때 임칙서와 교류하기 시작해 중국의 미래를 걱정하는 지사로서 깊은 관계를 맺었다. 광저우에서 파직당한 임칙서는 신장으로 가는 도중에 위원을 만나 『사주지』를 비롯한 여러 번역 자료들을 건네 주었다. 임칙서가 기존의 가치를 지키면서도 개방적인 태도로 변화의 추세를 파악하려고 노력했던 인물임을 보여 주는 대목이다.

◑ 오디세이 프리즘

임칙서가 아편 금연 대업으로 망해 가는 청나라를 구하려 한 애국자였다는 사실은 비교적 잘 알려져 있다. 동서고금을 넘어 망해 가는 왕조에는 그 왕조와 마지막 운명을 함께하는 충신이 나타나곤 했다. 우리 역사만 해도 백제를 위해 오천 결사대와 함께 목숨을 바친 계백, 고려 왕조를 지키려다 비명에 간 정몽주 등의 충신을 여럿 찾아볼 수 있다.

그 가운데 임칙서에게서 찾아볼 수 있는 특징은 두 가지가 있다. 첫째, 군주의 변심 앞에서도 국가에 대한 충성심을 거두지 않았다는 사실이다. 특히 억울하게 유배를 떠난 사막 지대에서 백성과 함께 지하수로 건설에 매진하는 모습은 자못 감동적이다. 둘째, 단지 국가를 지키기 위해 물불 가리지 않고 아편 금연 대업에 뛰어들었을 뿐 아니라 국난을 극복할 실질적인 비전을 모색하고 있었다는 사실이다.

아편전쟁의 책임을 임칙서에게 전가한 간신들이 아니었다면 임칙서가 지키려 했던 청나라는 그리 쉽게 무너지지 않았을 것이다. 임칙서의 선택은 애국은 특정한 지도자에 대한 맹목적 충성을 넘어 국민과 함께하는 정신, 위기 극복의 길을 찾아내려는 의지가 있을 때 빛을 발한다는 것을 보여 주고 있다.

더 나은 세상을 꿈꾸며 미래로
대동과 유토피아,
동서양의 이상사회

×

2017년에 중국의 시진핑 주석은 2021년까지
중국을 샤오캉사회로 만들겠다고 선언했다.
샤오캉을 독음으로 읽으면 '소강(小康)'으로,
중국 고전에서 이상적인 사회였다고 하는
대동(大同) 다음에 나오는 사회를 말한다.
소강은 모든 국민이 편안하고 풍족한 삶을
누리는 사회를 말하는데, 대동은 그보다
더 좋은 사회였다고 하니 도대체 얼마나
좋았던 걸까? 어떤 이들은 대동을 가리켜
허구의 이상사회, 곧 유토피아라고 한다.
이렇듯 대동과 유토피아는 동양과 서양에서
이상사회를 가리키는 대표적인 말이었다.

대동사회
천하는 모두의 것

중국이 소강을 국가적 목표로 삼기 시작한 것은 개혁개방의 기치를 막 내걸었던 1979년이었다. 그때 덩샤오핑은 20세기 말까지 소강사회에 진입하겠다고 선언했지만 그 뒤로 소강사회의 지표는 조금씩 달라졌다. 처음에 소강사회는 집집마다 자전거, 재봉틀, 손목시계 등을 갖추는 걸 말했다. 이런 소박한 기준이 컬러 텔레비전, 냉장고, 세탁기 등으로 달라지더니, 1990년대 말부터는 컴퓨터, 아파트, 승용차로 높아졌다.

소강사회에서 '소강'은 『예기』「예운」편에 나오는 말이다. 대동의 큰 법도가 무너져, 제 부모만 부모로 모시고, 제 자식만 자식으로 키우며, 재물과 힘을 자기만을 위해 사용하게 된 사회를 소강이라고 불렀다. 그래도 이 시대에는 우왕, 탕왕 같은 어진 군주가 있어 하(夏)·상(商)·주(周) 삼대에 걸쳐 예의를 바탕으로 살 만한 사회가 유지되었다고 한다.

소강보다 훨씬 좋았다는 대동은 천하가 공공의 것이 되는 이상사회였다고 한다. 대동사회에서는 사람들이 자기 부모만 부모로 알지 않고, 자기 자식만 자식으로 여기지 않았다고 전해진다. 노인은 편안한 여생을 보냈고, 젊은이는 일할 조건이 보장되었으며, 어린이는 보살핌을 받았다. 과부, 홀아비, 병든 자 모두 부양을 받고, 집집마다 대문을 닫을 필요가 없었던 사회, 그런 대동사회가 먼 옛날에 있었다는 것이다.

이런 관점에서 보면 세상은 점점 더 나빠진 셈이다. 대동이 소강이 되고 그다음에는 소강도 무너져 기본적인 예의범절만 지키기도 어려운 세상이 되었으니 말이다. 그래서인지 동양 사회를 지배한 유교사상은 항상 좋았던 옛날로 돌아가자는 구호를 내걸었다. 대동까지는 아니더라도 하(夏)·상(商)·주(周) 삼대의 소강사회는 회복하자는 것이 주된 내용이었다.

유토피아
어디에도 없는 좋은 곳

서양의 이상사회인 유토피아는 영국의 인문주의자인 토머스 모어가 1516년에 쓴 책의 제목이다. 중국의 고전이 대동사회를 먼 옛날에 둔 데 반해, 유토피아는 멀리 떨어진 공간에 있다. 유토피아는 항해자이자 철학자인 라파엘 히슬로디라는 가공의 인물이 보고 온 섬 이름이다. 이 섬은 사유재산이 폐지되고 공유재산제가 시행되어, 평등한 분배가 이루어지고 다수의 이익이 보장되는 정의로운 사회로 그려진다. 천하가 공공의 것이 되었다는 대동사회와 비슷한 것을 보면 동서양을 막론하고 사람들의 생각은 비슷한가 보다.

토머스 모어는 유토피아를 이야기하면서 재미난 말장난을 하고 있다. 유토피아는 그리스어로 만든 조어인데, 토피아(topia)는 '장소'를 뜻하는 토포스(topos)에서 온 말이다. 유(U)는 '좋다'는 뜻과 '없다'는 뜻을 모두 의미한다. 그러니까 유토피아 같이 좋은 곳은 사실 이 세상에 없다는 뜻으로 해석될 수도 있는 것이다. 그래서 훗날 유토피아는 이상사회를 꿈꾸는 사람들을 비웃을 때 쓰는 말이 되기도 했다. 세상에 존재하지 않는 것을 꿈꾸는 공상가들이라고 말이다.

역사 속에서 바뀌어 온
이상사회의 얼굴

『예기』「예운」편에서 대동사회를 이야기하는 사람은 공자이다. 자신이 살고 있는 춘추시대가 대동은커녕 소강으로부터도 멀어졌다는 알고 있었던 공자는 사람들에게도 욕심 부리지 말고 분수에 맞게 살라고 가르쳤다. 왕은 왕답게, 신하는 신하답게… 그렇게 각자 신분에 맞게 살아가면, 비록 대동에는 이르지 못해도 예의범절이 살아 있는 세상은 만들 수 있으리란 생각이었다.

그 후 대동은 쉽게 돌아갈 수 없는 먼 옛날의 이상사회로 여겨져 왔다. 그러다가 19세기 말 청나라 말기의 개혁가였던 캉유웨이가 다시 대동사회를 이야기했다. 서구적 제도를 도입해 중국을 서구 열강의 침입으로부터 구하려고 했던 캉유웨이는 『대동서』라는 책을 썼다. 여기서 캉유웨이는 전통적인 유교 사상을 현실에 맞게 재해석해서, 대동을 지나가 버린 황금시대가 아니라 장차 도달해야 할 목표로 부활시켰다.

서양에서 유토피아에 이르는 이상사회의 계보는 성경까지 거슬러 올라간다. 성경에서 그리는 이상적인 세상의 모습은 에덴동산이다. 흥미로운 것은 그리스어 성경에서 에덴동산을 '파라데이소스'로 번역한다는 사실이다. 영어의 '파라다이스'에 해당하는 이 말은 고대 이란어 '파리다이자'에서 유래한 것으로, '울타리를 둘러친 정원'을 뜻한다고 한다.

울타리를 둘러친 낙원이라니 이상하지 않은가? 모든 사람이 행복하게 사는 낙원은 안과 밖을 구분하는 울타리를 칠 필요가 없을 텐데 말이다. 대동사회에서도 사람들이 문을 잠그지 않고 태평하게 산다고 했다. 그러니까 파라다이스는 본래 일반 서민이 접근할 수 없는 귀족들만의 낙원을 가리키는 말이었다. 토머스 모어는 이런 파라다이스의 울타리를 허물어뜨리고 모든 사람이 함께 잘사는 세상을 꿈꾼 사람이었다.

◑ 오디세이 프리즘

토머스 모어 이후 수많은 사람들이 이 세상에 유토피아를 건설하는 꿈을 가꿔 왔다. 대동이나 유토피아가 먼 옛날이나 먼 공

간에 있는 게 아니라 다가오는 미래에 있다고 생각하는 사람들
이 점점 더 많아졌다.

미래에 정말 대동이나 유토피아가 있을지는 별로 중요한 것
같지 않다. 문제는 우리가 그런 멋진 꿈을 꾸면서 앞으로 나
아갈 수 있느냐 하는 것이다. 공자와 토머스 모어 같은 선현
들이 남긴 고귀한 사상 덕분에 우리가 그런 꿈을 꿀 수 있다
는 것은 축복이 아닐까? 지금 우리가 사는 세상은 복잡하고
힘들지만, 조금씩 나아질 수 있다는 희망을 품고 다 함께 미
래로 나아갔으면 좋겠다.

5부
문화와 문명의
오디세이

42억 년 전 첫 생명체의 탄생부터
인공지능의 발명에 이르기까지, 인류의
역사는 문화가 쌓여 문명을 이루고, 문명의
붕괴가 또 다른 문명의 탄생으로 이어지는
과정의 연속이었다. 찬란한 문명을
관통하는 거대한 역사의 흐름을 되짚다
보면 역사의 본령이란 사실의 전달을 넘어
시공간을 뛰어넘은 사유의 교류에 있음을
자각하게 된다.

첨단 기술보다 위대한 발상의 전환

전차(戰車)를
이기는 등자(鐙子)

×

우리나라에서만 열 번 가까이 재개봉한
영화 「벤허」를 대표하는 장면은 단연 화려한
전차 경주이다. 그 장면을 연상하면서 5세기
고구려의 무덤인 무용총에 그려진 「수렵도」를
떠올려 보자. 교과서에서 익숙히 보아 온,
말을 탄 채로 몸을 돌려 활을 쏘는 고구려
무사의 모습이 그려진다. 겉모습만 보면 전차
경주가 기마술보다 더 멋져 보이지만 벤허가
살았던 로마 제국에서 저 고구려 무사의
자세는 상상할 수도 없는 것이었다는데,
어떻게 된 일일까?

첨단 기술로 무장한
전차의 등장

인류가 말을 가축으로 길들이기 시작한 것은 매우 오래된 일로, 보통 기원전 3000년 무렵이라고 한다. 말이 끄는 수레인 전차는 기원전 2500년 무렵부터 바빌로니아에서 사용했다고 알려져 있다. 그 무렵 인류는 이미 국가나 정치세력 간에 전쟁을 벌이고 있었기에, 전사를 싣고 달릴 수 있는 말이 일찌감치 전장에 투입되었다.

말은 워낙 역동적으로 움직이는 동물이기 때문에 속도는 빨라도 그 위에서 자유롭게 무기를 쓰기는 어려웠다. 무기를 쓰기는커녕 말에서 떨어지지 않고 버티는 것도 쉽지 않았다. 그래서 말에 수레를 달고 병사가 그 위에 올라 전투를 하는 방식이 등장했다. 말과 수레는 평화 시에는 짐을 운반하는 마차로, 전시에는 전투를 효율적으로 수행하는 전차로 사용되었다.

우리에게 익히 알려진 전차로는, 영화 「벤허」에 나오는 로마 제국 시기의 전차와 중국 진시황의 병마용갱에서 나온 전차를 꼽을 수 있다. 진시황이 타던 전차를 보면 마부 한 명이 말 네 마리를 조종하는 구조로 되어 있는데, 이를 모는 마부에게는 고도의 기술이 요구되었다. 이처럼 전차는 나무와 청동을 정교하게 가공하고 바퀴 날에 가죽을 입혀 충격을 완화하는 등 당대 최고의 기술이 집적된 첨단 무기였다. 하지만 전차는 전쟁에서 쓰기에는 크고 무겁다는 치명적인 단점이 있었다. 이런 단점에도 불구하고 로마 제국과 진나라가 기동력이 있는 기병 대신 전차를 사용할 수밖에 없었던 이유는 무엇이었을까?

사소하지만 위대한
등자의 발명

무용총 「수렵도」를 자세히 보면 말을 탄 무사가 발을 걸고 있는 고리가 있는데, 이렇게 말 위에서 균형을 유지할 수 있도록 발을 걸치는 도구를 등자라고 부른다. 고구려 무사는 등자에 발을 고정시킬 수 있었기 때문에 말 위에서 자유자재로 몸을 돌려 활을 날릴 수 있었다. 뿐만 아니라, 등자에 발을 걸어 말등에 쉽게 올라탈 수 있었고, 양발로 말의 배를 압박하거나 차서 달리는 속도를 조절할 수도 있었다. 등자의 존재를 몰랐던 로마 제국과 진나라는 말을 타고 움직이며 무기를 쓰기 위해 전차를 타는 수밖에 없었다.

말 위에서 몸을 돌려 활을 쏘는 방식을 서양에서는 '파르티안 샷(parthian shot)'이라고 부른다. 이란 계통의 파르티아인이 즐겨 사용하던 궁술이라는 의미이다. 그렇다면 등자를 처음 발명한 나라 또한 기원전 3세기에 등장한 파르티아였을까? 여기에 정설은 없다. 현재까지 등자를 사용한 흔적으로 가장 오래된 것은 서기 302년 무렵 중국의 기마용이고, 실물로 남아 있는 등자 유물은 서기 415년 무렵의 중국인 무덤이라고 한다. 우리나라에서도 중국과 거의 비슷한 시기인 삼국시대의 무덤에서 등자가 나오고 있다.

등자가 없다고 해서 기병을 가동할 수 없는 건 아니었다. 기원전 4세기에 세계를 정복한 알렉산드로스 대왕은 말을 잘 다룬 왕으로 널리 알려져 있다. 그는 자신이 직접 이끄는 기병 돌격대를 전투에 적극 활용했다. 하지만 알렉산드로스의 기병대는 적진으로 돌진해서 적을 창으로 찌르는 순간 손에서 창을 놓아야 했다. 안 그러면 창에 가한 힘의 반동으로 말에서 떨어질 수 있었기 때문이다. 이런 모든 문제점을 해결한 것이 등자라는 작은 발명품이었다.

역사를 바꿔 놓은
등자의 혁명

가장 오래된 등자 유물이 중국에서 나오긴 했지만 많은 학자들은 그보다 훨씬 전에 활약했던 유목민이 등자를 발명했을 것으로 짐작하고 있다. 스키타이나 흉노 같은 기마 유목민이 등자를 발명해 사용하다가 파르티아와 중국, 우리나라로 퍼져 나갔을 것으로 보는 견해이다. 다만 이런 추측을 뒷받침하는 유물은 아직 나오지 않았다. 유럽에서 등자가 사용된 것은 빨라도 서기 7~8세기로 짐작되고 있으며, 실물 형태의 등자는 서기 10세기 이후 것부터 출토되고 있다. 그러니 이전의 유럽인들이 동쪽에서 몰려온 훈족 같은 유목민에게 꼼짝없이 당하기만 한 것도 이해할 수 있는 일이다.

등자가 도입되면서 유럽의 역사는 완전히 달라졌다. 많은 이들이 유럽 문명의 특징으로 그리스 로마 신화, 기독교, 그리고 기사도 문화를 내세운다. 미국의 역사학자 린 화이트 주니어는 등자가 기사도 문화를 중심으로 한 유럽 봉건제를 탄생시켰다고 주장한 바 있다. 중세 기사는 전투에 나설 때 갑옷으로 중무장을 했는데, 두꺼운 갑옷을 입고 말 위에서 균형을 잡으려면 지지대가 꼭 필요했다. 등자가 발명된 이래 세계 곳곳에서 전쟁의 승부를 갈라 왔지만, 특히 유럽에서 근본적인 사회 변화를 촉진한 셈이다.

❶ 오디세이 프리즘

고구려 무사의 유려한 몸동작에 가려진 과학기술의 혁신, 등자의 비밀이 놀랍지 않은가? 첨단 기술을 망라했던 전차가 적어도 전장에서는 작은 등자의 힘을 당해낼 수 없었다니, 역사의 발전이 때로는 아주 작은 발상의 전환에서 비롯하기도 한다는 사실이 새삼스레 다가온다.

인류의 조상은 등자 외에도 말을 편하게 타기 위한 도구를 지속적으로 발명해 왔다. 안장을 받치는 언치, 말이 달릴 때 흙이 튀는 걸 방지하는 다래, 가죽끈으로 안장을 고정시키는 고들개 등이 여기에 속한다. 이 또한 등자처럼 중대한 기술의 발전보다는 일상의 불편함을 개선하려는 과정에서 탄생한 도구들이다. 더 나아지고자 하는 의지가 세상을 바꾸는 밑거름이 되며, 그런 작은 의지가 쌓여 기술의 진보를 이끈다는 사실을 항상 기억해야겠다.

인간은 세월을 두려워하고
세월은 피라미드를 두려워한다
중국과 이집트의 어제와 오늘

×

영국의 다국적 회계 기업
프라이스워터하우스쿠퍼스(PwC)는 2050년
세계 각국의 예상 GDP를 발표한 바 있다.
한국이 세계 11위에서 18위로 밀릴 것이라는
전망에, 한국이 2050년에는 이집트보다
못살게 된다는 자극적인 기사가 쏟아졌다.
한편 PwC는 2050년에도 중국이 1등을 유지할
것으로 예상했다. 역사 속으로 들어가 보면
비슷한 점이 많은 이집트와 중국, 피라미드와
진시황릉을 중심으로 두 나라의 어제와
오늘을 비교해 보자.

피라미드와 진시황릉
숫자보다 큰 인간의 위대함

중국에서는 위대한 업적을 이룬 사람에게 흔히 '금자탑을 쌓았다'는 표현을 쓴다. 여기서 금자탑이란 쇠 금(金) 자 모양의 건축물을 의미하는데, 바로 이집트의 피라미드를 가리키는 말이다. 그만큼 피라미드는 중국에서도 명성이 자자한 유적이다. 하지만 중국인들은 피라미드와 비교해 규모에서 뒤지지 않는 고대 무덤이 중국에도 있다고 자부하고 있다. 중국 최초의 황제인 진시황의 무덤이 바로 그것이다.

피라미드와 진시황릉의 규모를 한번 비교해 보자. 피라미드는 약 천 년 동안 100여 개가 건설되었는데, 그 가운데 가장 큰 것은 기자에 있는 쿠푸 왕의 피라미드이다. 세계 7대 불가사의 가운데 유일하게 현존하는 이 피라미드는, 둘레가 921미터, 높이는 약 138미터이다 (원래 높이는 146.5미터였는데 맨 위 일곱 단이 무너져 내려 현재의 높이가 되었다). 진시황릉은 둘레가 약 1700여 미터에 이르러 피라미드의 두 배 가까이 되는 반면, 높이는 51미터로 피라미드의 약 삼분의 일 수준이다 (진시황릉의 원래 둘레는 2100미터, 원래 높이는 115미터로 추정되지만 세월의 침식으로 지금의 크기가 되었다). 하지만 이것은 황릉 자체의 규모일 뿐 잘 알려진 병마용갱을 비롯한 배장갱과 배장묘의 수는 확인된 것만 400개가 넘는다고 한다.

그리스의 역사학자 헤로도토스는 쿠푸 왕의 피라미드를 쌓기 위해 10만 명이 매년 석 달씩 22년에 걸쳐 일했다고 기록했다. 이 기록에 따르면, 이 사람들이 평균 2.5톤이나 되는 돌을 약 230만 개나 쌓아 올린 셈이다. 한편 중국 역사학자 사마천에 따르면 진시황릉에는 무려 38년 동안 72만 명이 동원되었다. 그런 시간과 인력을 들여 진시황릉에 수은으로 이뤄진 강과 바다가 흐르고 화려한 황궁이 들어선 거대한 사후세계가 만들어졌다.

숫자로 단순 비교를 하면 진시황릉이 쿠푸 왕의 피라미드보다 좀 더 크고, 만드는 데 더 오랜 시간이 걸리기는 했지만 피라미드와 진시황릉을 이렇게 단순 비교하는 것은 공정하지 않다. 쿠푸 왕의 피라미드가 만들어진 것은 진시황릉보다 2000여 년이나 앞선 기원전 2500년 무렵이기 때문이다. 중국 최초의 국가인 하 왕조가 아직 세워지지도 않았던 아득한 옛날에 고대 이집트 왕조는 이미 전성기를 맞고 있었던 것이다.

알고 보면 비슷한 중국과 이집트

옛날 이집트와 중국은 비슷한 입지 조건을 가지고 있었다. 이집트는 수에즈 지협으로 아시아 대륙과 분리되고 사하라 사막을 끼고 아프리카 대륙의 남쪽과 떨어져 있다. 중국은 서쪽으로는 험한 산지와 사막, 동쪽으로는 바다에 둘러싸여 있다. 땅덩어리는 중국이 더 크지만 두 나라 모두 비교적 고립된 지형에 놓여 있다. 중국과 아집트는 그런 지형에서 문명을 발달시키면서 자신들이 세상의 중심이라는 생각을 키워 나갔다.

앞서 나간 것은 이집트였다. 이집트에서는 일찍이 기원전 3000년 무렵 통일 왕조가 들어서 문자도 만들고 역법도 연구하고 있었다. 그 후에도 이집트는 쿠푸 왕의 피라미드가 만들어진 고왕국, 가장 찬란한 번영을 이룬 중왕국, 그리고 투탕카멘의 황금 가면으로 유명한 신왕국 시대를 거치며 3000여 년의 역사를 이어 갔다.

중국은 전설의 삼황오제 시대를 거쳐 기원전 2070년에야 하·상·주라는 고대 왕국이 들어섰다. 그 뒤로도 기원전 771년부터 춘추전국시대라는 분열의 시기가 500여 년간 이어진 끝에 진시황의 통일 왕조가 등장했다. 이집트가 오랜 고대의 영화를 뒤로하고 쇠락해 갈 무렵, 중국은 비로소 본격적인 제국의 역사를 시작하게 된 것이다.

저물어 가는 영광을 뒤로하고

이처럼 이집트가 좀 더 앞서기는 했지만 고대 이집트와 중국은 다 같이 찬란한 고대 문명을 이룩했다. 그러나 고대 세계가 막을 내린 이후 두 나라의 운명은 완전히 달라졌다. 이집트는 기원전이 끝나기도 전에 로마 제국의 속주가 되었고, 중세에는 이슬람 제국의 영향을 받아 주민 구성마저 달라졌다. 오늘날 이집트는 아랍어를 쓰는 아랍인이 절대 다수이고 그들 대부분은 이슬람교를 믿는다. 그 뒤로도 오스만튀르크와 프랑스, 영국 등 서구 열강의 지배와 약탈에 시달리며 찬란했던 고대 이집트는 점차 사람들의 기억에서 사라져 갔다.

반면 중국은 진시황 이후로도 왕조의 교체를 반복하며 승승장구했다. 때로는 이민족의 침략에 시달리기도 했지만, 그런 이민족마저 중국 문화로 끌어들이면서 세계 최강의 문명국가로 자리잡아 왔다. 물론 중국도 19세기 이래 약 100년 간 이집트처럼 서구 열강의 침략을 받기는 했지만, 그 상처를 빨리 딛고 일어나 지금은 다시 세계 최강을 넘보는 초강대국으로 발돋움하고 있다.

◐ 오디세이 프리즘

아라비아에는 이런 속담이 있다. "인간은 세월을 두려워하고 세월은 피라미드를 두려워한다." 이 속담은 수천 년의 세월을 견뎌내고 남아 있는 피라미드의 위용을 과시하는 동시에 이집트라는 나라의 저력을 암시한다. 중국보다 일찍 고대문명을 발달시키고 피라미드를 쌓은 이집트의 영광은, 언젠가는 다시 빛을 발할 것이 틀림없다.

이러한 잠재력은 정도의 차이는 있어도 이집트뿐 아니라 지구 상에 존재하는 모든 민족, 모든 나라가 다 가지고 있다. 지금은 초라해 보이는 나라도 한때는 고대 이집트처럼 역사의 당당한 주인공이었던 적이 있지 않은가? 반면 지금 잘나가는 중국이라 고 해서 언제나 그 자리에 있으라는 법도 없다. 세계의 역사는 언제나 엎치락뒤치락하며 흘러 왔다는 걸 생각하면, 다른 나라 들을 대하는 태도가 조금은 달라지는 것을 느낄 수 있다.

인류 문명의 땀방울은 지하수로 흐른다
이란의 카나트와
중국의 칸얼징

×

춥디추운 북극과 푹푹 찌는 적도에서 동시에
살아가는 동물은 인간밖에 없다고 한다.
집요한 생존력을 가진 인간은 지구상의 어떤
가혹한 환경에도 굴하지 않고 삶의 조건을
창조해 왔다. 이번 장은 풀 한 포기 자랄 것
같지 않은 사막과 고원 지대에서 악착같이
살아남아 실크로드를 이룩하고, 인류 문명의
발전을 빚어 낸 사람들에 대한 이야기이다.
그들이 메마른 땅에서 문명을 이룩한 비결은
바로 높은 산에서 지하수를 끌어오는
것이었는데, 이런 지하수로를 이란에서는
카나트라 하고 중국에서는 칸얼징이라고
한다.

사막과 고원으로 뒤덮인
실크로드의 비밀

우리가 실크로드라고 부르는 중앙아시아의 동서 교역로는 사실 사막과 고원으로 뒤덮인 땅이다. 그런 척박한 환경에서 살 수 있었던 것은 오아시스라는 자연의 샘 덕분이라고 알려져 있다. 하지만 오아시스는 그 수가 너무 적었기 때문에, 사막이나 고원 지대에서 가축을 기르고 심지어는 농사까지 지으며 실크로드를 이어 나간 사람들은 결코 자연적으로 솟아나는 샘에만 의존할 수 없었다. 삶의 터전을 포기할 수 없었던 사람들은 방법을 찾아냈다. 근처의 높은 산에 올라가 지하수를 찾아내고 그 물을 평지까지 끌어들여 농사도 짓고 생활용수로도 쓴 것이다. 어떻게 이런 일이 가능했을까?

먼저 오랜 경험에서 얻은 방법으로 땅위에서 비교적 가까운 지하에 흐르는 물을 찾아 낸다. 그 다음엔 땅을 파 내려가 그 물이 계속해서 생겨나는 것인지 곧 말라 버릴 것인지 판단한다. 물이 계속 흐를 거라는 판단이 서면 그 지점을 모정(母井), 그러니까 어머니 우물로 삼는다. 모정의 깊이는 대개 10미터에서 20미터쯤 되지만 어떤 것은 100미터 이상 되는 것도 있다. 이란의 고나바드라는 곳에는 500미터나 되는 모정도 있다. 모정의 우물을 바로 땅 위로 끌어 내면 건조한 기후 때문에 곧 증발해 버리니, 평지로 내려가면서 계속 여러 개의 구멍을 파 들어가

지하로 흐르는 수로를 잇는다.

이렇게 만든 수로가 평지에 이르면 물을 저장하는 시설을 지은 뒤, 저장 공간을 통해 논밭이나 생활공간으로 물을 공급한다. 오직 사람의 손으로 만들어진 이런 지하수로는 사막과 고원에 논밭과 도시를 만들고 오늘날 우리가 아는 실크로드를 탄생시킨 원천이었다.

제국을 세운 힘의 원천, 카나트

실크로드의 밑에는 수만 개의 지하수로가 흐르고 있다. 마치 사람 몸속의 모세혈관처럼 건조한 땅에 생명을 공급하고 있는 것이다. 이런 지하수는 서아시아 지역에서 가장 먼저 나타났다. 기록으로 남아 있는 가장 오래된 지하수로는 2700여 년 전 지금의 터키에 있던 우라르투 왕국에서 사용된 것이다. 비슷한 시기에 이란의 고나바드에서도 수많은 지하수로가 만들어지고 있었다. 고나바드에는 오늘날 가장 오래된 지하수로가 남아 있을 뿐 아니라, 지금도 이러한 지하수로를 이용해 40만 명이 넘는 사람들에게 농업용수와 식수를 공급하고 있다.

이란에서는 이 지하수로를 카나트라고 부른다. 고나바드뿐 아니라 약 90퍼센트에 이르는 이란의 고원 지역에서 카나트를 사용해 농사를 짓고 있다. 카나트를 건설하려면 많은 인력과 비용이 들기 때문에 이란에는 카나트를 건설하는 사람들의 동업 조합 같은 것도 만들어졌다. 국토의 대부분이 고원 지대인 이란에서는 카나트가 널리 보급되었는데, 11세기 이란의 수학자 카라지가 『땅속에 잠재하는 물의 개발』이라는 지침서까지 쓸 정도였다. 이란을 중심으로 발전한 페르시아 제국은 서아시아를 호령하는 강대국이었는데, 그 힘의 원천이 카나트였다고 할 수 있다.

인간 승리의 현장, 칸얼징

이란의 카나트는 서쪽으로는 아랍을 통해 스페인에 알려진 뒤 멀리 멕시코까지 전파되었고, 동쪽으로는 실크로드를 통해 오늘날 중국의 신장웨이우얼자치구까지 전파되었다. 중앙아시아에서는 이 지하수로를 카레즈라고 부르고, 중국에서는 이를 칸얼징이라고 한다. 어떤 중국 사람들은 칸얼징이 사마천의 『사기』에 '정거(井渠)'라는 이름으로 나올 만큼 중국에서도 오래된 관개시설이라고 주장한다.

신장웨이우얼자치구에서도 특히 투루판은 칸얼징으로 유명하다. 이곳은 대부분의 지표면이 바다보다 낮을 정도로 푹 파인 분지라서, 중국에서 가장 덥고 건조한 지역으로 알려져 있다. 그러나 투루판 사람들은 눈 덮인 톈산산맥의 지하수를 뽑아 올려

인공 수로를 따라 투루판 분지까지 흐르게 해서 열사의 땅에 포도밭을 일궜다.

투루판 일대의 칸얼징은 만리장성, 대운하와 더불어 고대 중국의 3대 공정으로 불린다. 무슨 지하 관개 수로가 만리장성과 비교되겠냐고 할 사람도 있겠지만, 카레즈가 흐르는 지역이 무려 1100곳에 이르고 전체 길이가 약 5000킬로미터나 된다니, 그야말로 인간 승리의 현장이다.

투루판의 칸얼징과 관련해 우리가 기억해야 할 인물이 있다. 앞서도 소개된 바 있는, 청나라 시대에 광동 지역에서 아편이 퍼지는 것을 막다가 아편전쟁이 일어나자 그 책임을 뒤집어쓰고 신장 지역으로 유배당한 관리 임칙서이다. 임칙서는 이곳에서 예순 노구를 이끌고 백성과 함께 칸얼징을 파고 연결하는 데 힘썼다고 한다.

● 오디세이 프리즘

피라미드나 만리장성 같은 유적은 잘 알고 있어도 카나트라는 이름은 처음 들어 본 사람이 많을 것이다. 하지만, 서민들의 삶을 향한 열정과 땀이 창조해 낸 카나트는 한 나라의 지배자가 자신의 위대함을 과시하기 위해 지어 올린 피라미드나, 전쟁 과정에서 수많은 인민의 희생으로 쌓은 만리장성보다 더 위대한 유산일지도 모른다. 현대 인류가 대자연과 문명의 숱한 도전을 이겨 내고 더 나은 삶을 이어 나가려 할 때, 고원과 사막에 지하수로를 건설하던 사람들의 정신 또한 함께 이어받아야 하지 않을까?

◈ 자세히 보기 : 카나트와 칸얼징

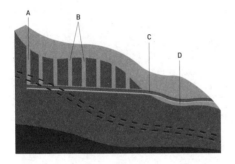

지표에서 비교적 가까운 곳에 염분이 없고 용출량이 충분한 모정(A)을 고른다. 모정에서 관개지까지 일정한 간격으로 지면에서 수직으로 파 내려간 우물을 수정(B)이라 부른다. 수정은 지하수로에 공기와 햇빛을 통하게 하고, 토사에 의해 물길이 막힐 때 지하수로를 유지보수하는 통로가 된다. 수정과 수정 사이를 이어 만든 지하수로(C)는 모정에서 나온 지하수가 수백 킬로미터를 흐르는 동안 건조한 기후에 증발하지 않도록 운반하는 역할을 한다. 물이 흐르는 속도에 지하수로의 측벽이 침식되지 않도록 완만한 경사로 설계하기 때문에 발원지에서 멀어질수록 수정의 깊이가 낮아진다. 이렇게 만든 수로가 평지에 이르면 저장 공간(D)에서 물을 보관해 두었다가, 주거지와 농경지에 물을 공급한다. 이렇게 만든 지하수로를 지상에서 보면 마치 작은 굴뚝이 줄을 지은 것처럼 보인다.

쓰러지지 않는 대국굴기의 열망

미국의 서부개척과
중국의 일대일로

×

요즘 중국은 서쪽 지역을 개발하는 데
여념이 없다. 국경을 넘어 중앙아시아를
거쳐 유럽까지 뻗어 나가는 이 개발 사업의
이름은 '일대일로(一帶一路)'이다.
150여 년 전 미국에서도 이와 비슷한 일이
있었다. 카우보이와 총잡이, 금광 개발로
대표되는 그 시절을 미국인들은
'서부개척 시대'라고 칭한다. 서부개척이
미국을 세계 굴지의 경제 강국으로 일으켜
세운 것처럼, 오늘날 중국은 일대일로를 통한
대국굴기를 꿈꾸고 있다.

황금향으로 질주한
서부개척의 풍경들

지금까지 여행하면서 본 가장 인상적인 장면을 꼽으라고 하면, 하늘에서 내려다본 미국 땅이 가장 먼저 떠오른다. 미국 동부의 뉴욕에서 비행기를 타고 서부의 로스앤젤레스까지 가는 동안 내려다본 풍경은 정말 놀라웠다. 한반도의 50배에 이르는 그 넓은 땅덩어리를 어느 한 곳도 예외 없이, 바둑판 같은 도로망이 수놓고 있었다. 산이 가로막으면 터널을 뚫고 강이 가로막으면 다리를 놓았으며 사막이든 늪이든 가리지 않고 모든 길이 반듯한 직선으로 뚫려 있었다.

이렇듯 가지런히 정비된 도로망은 19세기 중반 불어닥친 서부개척 시대 미국인의 프론티어 정신이 빚은 모습이다. 그중 대표적인 것이 시카고에서 로스엔젤레스까지 3945킬로미터에 달하는 미국 최초의 대륙 횡단 고속도로 루트66이다. 일명 '마더 로드(Mother Road)'라 불리는 이 기나긴 길에 경제 대공황을 뒤로하고 새로운 희망을 좇아 서부로 향했던 아메리칸 드림의 역사가 고스란히 담겨 있다.

1849년 샌프란시스코에서 금광이 발견되었다는 소문이 퍼지자 일확천금의 기회를 노리는 수많은 사람들이 몰려들었다. 지금도 샌프란시스코를 대표하는 미식축구팀을, '포티나이너스(49ers)', 즉 49년의 사나이들이라 부를 만큼 1849년은 서부 개척을 재촉한 골드러시의 시작이었다. 1869년 미국 최초의 대륙 횡단철도가 개통되면서 서부개척은 더욱 탄력을 받았다. 태평 양 연안을 따라 샌디에이고, 라스베이거스 등 화려한 도시들이 등장했고, 19세기 후반 미국은 세계 제일의 경제 강국으로 떠올 랐다.

과거의 영광을 재현하는
일대일로의 시작

미국을 일약 강대국으로 끌어올린 서부 개척과 비슷한 현상이 21세기 중국에서 재현되고 있다. 황량한 사막을 가로질러 서부 의 금광으로 향한 19세기 미국인들처럼 오늘날 중국은 사막과 고원을 가로질러 서부의 유전지대로 달려가고 있다. 중국은 이 러한 21세기의 서부 개발을 '일대일로(One Belt, One Road)' 구 상의 일부로 여긴다.

일대일로는 육상 실크로드와 해상 실크로드를 합쳐 부르는 말로, 시진핑 중국 국가주석은 2013년 카자흐스탄에서 실크 로드 경제벨트(belt)를, 인도네시아에서 21세기 해상 실크로드 (road)를 건설하자고 제안한 바 있다. 이는 그 옛날 중국과 서쪽 나라들의 교역로였던 실크로드를 부활시키겠다는 야심찬 계획 으로, 석유를 비롯한 각종 지하자원이 발견된 서부 지대는 물론 국경 너머 서쪽 여러 나라까지 개발의 범위를 넓혀 나가겠다는 중국의 의지를 표명한다.

불과 10년 전만 해도 실크로드라는 말이 이렇게 진취적이고 야심찬 뜻으로 쓰이게 될 줄은 아무도 몰랐다. 일대일로 계획이 진행되며 향수에 젖은 관광지에 불과했던 실크로드가 과거 어느 때보다 거대한 규모로 되살아나고 있다. 동쪽에서 비단과 도자기가 건너가고 서쪽에서 유리와 각종 악기가 건너오던 길을 거대한 유조차와 화물차가 누비고 있으며, 실크로드를 감싸고 여행자들을 위협하던 사막과 고원에는 거대한 석유공장과 풍력발전소가 빽빽이 들어섰다. 더불어 투루판, 쿠얼러, 카스 같은 오아시스 마을들은 라스베이거스 뺨치는 풍족한 도시로 성장중이다.

개발이라는 이름의 전차는 어디로 향해야 하는가

'와일드 웨스트'라고도 불리는 서부개척의 과정은 험난했다. 총잡이와 카우보이, 무법자들이 활개 쳤고, 경제 개발이라는 명목하에 원주민이었던 인디언들이 삶의 터전을 잃고 밀려났다. 실크로드의 영광을 재현하려는 일대일로의 진행 과정은 서부개척시대의 이면을 떠올리게 한다. 중국이 일대일로 개발에 엄청난 자본을 투자해 주변 국가들을 빚더미에 올려 놓은 건 이미 어제오늘의 문제가 아니다. 일대일로를 통한 중국의 팽창을 경계하는 미국의 견제도 만만치 않다. 결국 일대일로 프로젝트의 성패는 중국이 내세우는 평화와 공동 번영의 정신이 실제로 발휘되느냐 하는 데 있을 것이다.

실크로드가 재개발되면서 되살아나는 것은 이 길의 경제적 가치만이 아니다. 그곳을 무대로 오가던 상인과 승려와 외교관들, 그곳에 점점이 흩뿌려져 고유의 문화를 창조하던 주민들, 그곳의 패권을 놓고 자웅을 겨루던 유목민과 정착민의 부대들… 과거의 영광을 이룩한 이들이 남긴 역사와 문화도 다시 일어서길 기다리고 있다.

◑ 오디세이 프리즘

실크로드의 부활은 중국을 미국처럼 부강한 나라로 만드는 데 그쳐서는 안 된다. 미국 서부의 끝은 한도 끝도 없는 태평양이었지만, 중국 서부 너머에는 헤아릴 수 없이 많은 민족과 나라들이 있다. 카자흐스탄, 우즈베키스탄 등의 이른바 '스탄'이 붙은 나라들과 러시아, 이란, 터키, 그리스, 이탈리아, 독일 등 수많은 나라가 일대일로에 참여해 번영의 기회를 노리고 있다.

중요한 건 그 나라들이 교류하고 협력하는 실크로드 동쪽의 파트너가 중국만이 아니라는 점이다. 우리나라와 몽골, 일본을 포함해 동아시아의 수많은 나라가 유라시아 대륙의 일원으로서 중국 서부의 나라들과 미래를 공유하고 있다. 더욱이 우리나라는 유라시아 대륙과 태평양이 만나는 지점에 자리하고 있다. 그 옛날 미국이 개척한 서부와 중국의 일대일로를 잇는 연결 고리에 있다는 말이다. 우리는 어쩌면 두 강대국이 개척했고, 개척하고 있는 문명의 길을 하나로 연결해 더 큰 세계 문명을 열어 나가는 임무를 맡아야 할지도 모른다.

커피 한 잔으로 뒤바뀐 세계의 역사

명예혁명과 프랑스혁명의
숨겨진 주역

×

커피 애호가였던 요한 세바스찬 바흐는
1723년에 「커피 칸타타」라는 곡을
작곡했다. 당시 바흐는 라이프치히의
커피하우스에서 일주일에 한 번씩 연주를
하다가 커피하우스를 홍보할 목적으로 이
곡을 만들었다고 한다. '아 커피가 얼마나
달콤한지~'라는 가사만으로도 당시 유럽
사람들의 커피 사랑이 얼마나 대단했는지
짐작할 수 있다. 17~18세기부터 커피를
즐겨 마신 유럽 사람들은 커피를 마시면서
무엇을 했을까? 단지 음악을 들으며 여유를
즐기기만 했을까?

영국 남성들, 커피하우스에 모여 수다를 떨다

커피가 처음 기호식품으로 널리 사랑받은 곳은 아라비아였다. 17세기 들어 유럽에도 커피가 전해지자 영국의 수도 런던에 우후죽순처럼 커피하우스가 생겨났다. 술을 마시면 감정적이기 쉬운 데 반해 커피를 마시면 머리가 맑아져 이성적인 수다를 떨게 된다. 이때 커피하우스에서 수다를 떨던 사람들은 영국에서 새롭게 성장한 시민계층이었다. 그들이 카페에 모여 섭취하는 커피는 그들의 사상적 각성을 북돋는 에너지원이었다. 커피를 마시고 잠이 달아난 시민들은 밤이 새도록 낡은 세계와 그 속에 놓인 자신들의 처지에 대해 고민하고 논쟁했다. 그런 가운데 시민계층의 사상인 계몽주의도 무르익어 갔다.

명예혁명의 산실이 된 커피하우스

이처럼 영국 남성들이 커피에 빠져 밤새는 줄 모르고 수다를 떨어 대자, 런던에는 '커피에 반대하는 여성의 청원'이라는 팸플릿이 나돌기 시작했다. 커피하우스에 죽치고 앉아 밤새도록 커피를 마시다가 녹초가 되어서야 귀가를 하는 남성들에 대한 불만이었다. 매일 밤 커피하우스에서 수다를 떨어 대던 남성들은

1688년에 일어난 시민혁명의 주역이 되었다.

명예혁명은 영국적 특성이 잘 배어 있는 역사적 사건이다. 영국 시민들은 자기네를 괴롭히던 왕정을 완전히 폐지하는 대신, '군림하되 통치하지 않는다'는 조건으로 왕정과 타협했다. 혁명에 '명예'라는 말이 붙어 있는 것은, 흔히 피를 보게 되는 혁명과 달리 이 시민혁명은 명예로운 타협으로 막을 내렸기 때문이다. 영국이 모범적인 민주국가이면서도 여전히 왕실이 존재하는 것은 바로 이 명예혁명에서 비롯한 것이다.

축복받은 커피, 파리 골목을 점령하다

커피가 사람들의 인문학적 감수성을 깨운 것은 영국에서만 있었던 일이 아니었다. 이슬람 지역에서 마시기 시작한 커피가 유럽에 퍼진 건 십자군 원정 이후의 일이었다. 커피는 처음에 이교도의 음료라는 이유로 억압 받았지만, 인문학의 시대였던 르네상스를 맞아 예술의 대상으로 여겨질 만큼 사랑을 받게 되었다. 그리하여 커피의 인기는 영국뿐 아니라 르네상스의 본고장인 이탈리아를 비롯해 유럽 전역으로 확산되었는데, 특히 교황 클레멘스 8세가 커피에 축복을 내린 사건이 커피 전파에 결정적인 영향을 끼쳤다. 커피가 교회로부터 공인을 받자 유럽 곳곳에 커피하우스가 생겨나기 시작했다.

커피의 전 세계적 유행에도 불구하고 런던의 커피하우스는 명예혁명의 촉매제 역할을 한 뒤 18세기에 들어서 퇴조해 갔다. 새로운 사회를 성취한 시민들이 이제는 밤늦게 수다 떠는 일에 지쳤던 걸까? 그게 아니라 이제 런던시민들은 인도에서 다량으로 들어오는 따뜻한 차를 마시기 시작했던 것이다. 영국의 문화로 자리잡은 '애프터눈 티'는 사교의 장이자 휴식의 의미로 사회·문화 전반에 영향을 끼치며 확산되었다. 그 무렵 커피는 도버 해협을 건너 프랑스에 상륙했다. 1686년 시칠리아 출신 프로코프가 파리에 자기 이름을 딴 카페 르 프로코프를 열자, 파리의 골목마다 카페가 무섭게 번져 나갔다. 18세기 파리에는 무려 6700곳의 카페가 성업할 정도였다.

프랑스 혁명의
산실이 된 카페

흔히 영국인은 냉정하고 프랑스인은 열정적이라고 한다. 커피를 마실 때도 그런 성격이 나타난 걸까? 카페 르 프로코프에는 계몽사상가 볼테르가 커피를 마시며 원고를 쓰던 방이 있다. 볼테르는 하루에 40잔의 커피를 마시면서 절대 왕정에 독설을 퍼부었다고 한다. 훗날 프랑스혁명의 주역이 되는 변호사 로베스피에르도 이곳에서 인권의 가치를 논하며 열변을 토했다. 미국의 독립운동가 벤자민 프랭클린이 프랑스의 지원을 요청하러 파리에 왔다가 계몽사상가들과 교류한 곳도 카페 르 프로코프였다.

6700곳에 이르는 18세기 파리의 카페들은 이런 식으로 프랑스혁명의 산파 노릇을 톡톡히 했다. 카페에서 거리로 나온 프랑스 시민들은 날카로운 대립 끝에 결국 왕정을 폐지해 버렸다. 나중에는 단두대에서 왕의 목을 치기까지 했는데, 그 주역이 바로 카페 르 프로코프에서 열변을 토하던 로베스피에르였다. 왕정과 시민 사회의 타협으로 끝난 영국과 달리 프랑스에서는 그 후로도 왕정을 부활시키려는 세력과 공화정을 지키려는 시민 세력이 엎치락뒤치락했다. 왕이 사라진 오늘날의 프랑스 공화정은 그런 과정을 거쳐 탄생했다. 같은 커피도 누가 어떻게 마시느냐에 따라서 이처럼 다른 효과를 내는가 보다.

◑ 오디세이 프리즘

한국에는 19세기 말에야 커피가 전해졌다. 고종이 커피를 좋아한다는 걸 이용해 러시아어 통역관 김홍륙이 커피에 독을 타 고종을 독살하려 했다는 이야기는 유명하다.

오늘날 한국은 골목마다 카페가 있는 커피의 천국이다. 유럽에서 커피는 시민을 각성시켜 영국에서 명예혁명을 일으키고 프랑스에서 대혁명의 산파 노릇을 했다. 커피 한잔이 세상을 뒤바꾼 작은 계기가 된 것이다. 오늘도 카페인에 의지해 밀려오는 잠을 쫓고 있다면, 이 커피 한잔이 세상을 바꿀지 모른다는 즐거운 상상을 해보자.

유럽 여행에서 이스탄불을
맨 마지막에 가야 할 이유
인류 문명의 각축장에서
거대한 박물관으로

×

유럽 여행에서 터키의 이스탄불을 맨
마지막에 가라는 말이 있다. 아시아와 유럽의
문화가 어우러진 이스탄불을 먼저 보면 다른
곳이 시시해질 수도 있다는 것이다. 정말
그런지는 몰라도 이스탄불이 두 대륙의
충돌과 융합으로 빚어진 문명의 보고인
것만은 분명하다. 서양 문명과 기독교의
중심지였던 콘스탄티노플에서 오스만 튀르크
제국의 수도이자 이슬람
문명의 중심지인 이스탄불이 되기까지, 동서
문명의 대립과 공존의 역사가 깃든 특별한
도시로 떠나 보자.

소가 건너간 여울가에
만들어진 도시

이스탄불에는 '비잔티온'이라는, 콘스탄티노플보다 훨씬 더 오래된 이름이 있다. 기원전 7세기 무렵, 그리스인들이 와서 식민도시를 건설하고 고대 그리스 뷔잔타스 왕의 이름을 따 붙인 이름이다. 그 시절의 흔적은 이스탄불을 동쪽의 아시아와 서쪽의 유럽으로 갈라놓고 있는 보스포루스해협의 이름에도 남아 있다. '보스포루스'는 소가 건넌 여울이라는 뜻의 그리스어이다. 그리스 신화를 보면 제우스가 강의 요정 이오와 바람을 피우다가 아내인 헤라에게 들킬 위기에 빠진다. 그러자 제우스는 이오를 암소로 변신시켰는데, 그 암소가 헤라의 저주를 피해 건넌 곳이 바로 보스포루스해협이었다.

비잔티온은 서기 196년 로마 제국에 함락되면서 라틴어 이름인 비잔티움으로 불리기 시작했다. 비잔티움은 동서남북을 연결하는 교차로이자 해협 어귀의 금각만을 끼고 있는 요지였다. 324년 게르만족의 침략으로 로마가 위협당하자 콘스탄티누스 황제는 비잔티움을 새로운 수도로 선택하고, 330년에 새로운 로마를 뜻하는 '노바 로마'라고 부르기 시작했다. 이후 비잔티움은 로마에서 분리된 동로마 제국의 수도로서 번영을 거듭해나갔다. 콘스탄티누스의 도시, 즉 콘스탄티노폴리스(콘스탄티노플)의 역사가 시작된 것이다.

믿었던 십자군에
발등 찍히다

기독교는 392년에 로마 제국의 국교가 되었고, 476년에 서로마 제국이 멸망한 뒤에도 전 유럽으로 퍼져 나갔다. 그때부터 로마와 콘스탄티노플을 중심으로 한 동서 교회는 서서히 오늘날의 가톨릭과 정교회로 갈라지게 되었다. 서로를 이단이라고 비난하고 파문까지 하면서 싸우던 두 교회는 11세기 말 십자군 전쟁을 계기로 손을 잡았다.

십자군 전쟁에 원인을 제공한 것은 오늘날 터키인의 조상인 튀르크족이 세운 셀주크 제국이었다. 이슬람 세계의 맹주가 된 셀주크 튀르크가 예루살렘을 차지하고 세력을 키워 콘스탄티노플을 위협하자, 동로마 황제 알렉시오스 1세는 기독교의 성지인 예루살렘을 수복하자며 로마 교황청에 지원을 요청했다. 그러자 교황 우르바누스 2세는 이를 받아들여 1095년 클레르몽 공의회에서 유럽의 왕과 제후들에게 십자군 원정에 나서자고 호소했다. 그 결과 기독교와 이슬람교 사이에 200년에 걸친 십자군 전쟁이 시작되었다.

1095년부터 1291년까지 9차례에 걸쳐 이어진 십자군 전쟁은 동로마 제국과 셀주크 제국, 양쪽 모두에게 피해를 주었다. 승승장구하던 셀주크 튀르크는 유럽 진출이 좌절되었고, 동로마 제국은 서유럽 국가들에 기독교 세계의 주도권을 내주게 되었다.

13세기 초에 일어난 제4차 십자군은 세속적인 욕망에 눈이 어두워져 예루살렘엔 가지도 않고 콘스탄티노플로 쳐들어가 도시를 함락시키고 약탈하기까지 했다.

콘스탄티노플에서
이스탄불로

셀주크 튀르크가 쇠퇴하자 이슬람 세계의 패권은 오스만 튀르크에게 넘어갔다. 오스만 튀르크는 무서운 속도로 성장해, 오늘날 아랍과 터키 지역을 넘어 발칸반도까지 거의 다 차지하며 동로마 제국을 압박해 들어갔다. 제4차 십자군 원정 때문에 몰락했던 동로마 제국의 영토는 15세기에 들어서 콘스탄티노플과 그 주변만 남은 상태였다. 1453년 거대한 대포를 앞세운 오스만 튀르크의 군대는 콘스탄티노플마저 함락시켰다. 천 년 넘게 서양 문명과 동방 정교회의 중심지로 번영해 온 콘스탄티노플은 이제 오스만 튀르크 제국의 수도로서 이슬람 문명의 중심지가 되었다.

콘스탄티노플을 터키식으로 읽은 콘스탄티니예 등의 명칭이 함께 쓰이던 도시의 이름도 서서히 이스탄불로 바뀌어 갔다. 1922년에 오스만 튀르크 제국이 멸망하고 세워진 터키 공화국은 도시의 공식 이름을 이스탄불로 정했다. 이스탄불은 중세 그리스어로 '그 도시'를 뜻하는 말이었다고도 하고, 콘스탄티노플에서 '콘'과 '티'가 빠지면서 변형된 거라고도 한다. 또 '이슬람의 도시'를 뜻하는 터키어에서 왔다는 말도 있다. 이질적인 문명이 섞여 공존하게 된 도시답게 어원도 가지가지이다.

아야소피아 박물관은 이스탄불의 문화적 다양성을 대표하는 유적이다. '성스러운 지혜'를 뜻하는 아야소피아는 동로마 제국 시절 정교회의 본산으로 지어졌다. 4차 십자군이 이 도시를 약탈할 때는 잠시 가톨릭 성당으로 변신했고, 오스만 제국 치하에서는 모스크로 쓰였다. 지금은 어느 종교의 시설도 아닌 박물관으로 지정되어 유네스코의 보호를 받고 있다.

가톨릭에 교황이 있다면 정교회에는 총대주교가 있다. 총대주교는 지금도 전 세계 3억 명 신도의 정신적 지주로서 이스탄불의 성 요르고스 성당의 예배를 집전하고 있다. 그의 공식 호칭은 '새로운 로마인 콘스탄티노폴리스의 대주교이자 세계총대주교'이다. 정교회의 입장에서 이 도시는 아직도 콘스탄티노플인 것이다. 서로 다른 문명과 종교의 치열한 각축장이 되어 온 이스탄불은 이제 그런 대립의 역사를 끌어안고 인류 문명의 거대한 박물관이 되어 다양한 여행자들을 유혹하고 있다.

● 오디세이 프리즘

2010년대 들어 이스탄불이 간직한 종교와 문화의 공존이 깨질 수도 있다는 우려가 제기되어 왔다. 2019년 3월 뉴질랜드의 이슬람 사원을 공격한 테러범은 "아야소피아의 모스크식 첨탑은 없어지고 이스탄불은 다시 기독교의 도시가 될 것"이라고 위협했다. 테러범의 발언에 분노한 터키의 이슬람교도들은 아야소피아를 모스크로 돌려 놓자는 시위를 벌였다. 사실 종교에 개방적인 한국인에게도 정교회와 이슬람교는 조금 생소하다. 이처럼 생소한 두 종교와 그에 얽힌 문화가 한데 어우러진 도시가 이 세상에 있다는 것은, 어떤 점에서 신선하고 고마운 일이다. 그러한 관용과 융화를 깨는 폭력과 증오는 누구에게도 도움이 될 수 없다. 이스탄불이 그 지긋지긋했던 대립의 역사로 되돌아가지 않기를 간절히 바랄 뿐이다.

세상 모든 이야기의 기원을 찾아서

그리스 신화만큼 재미난 북유럽 신화

×

그리스 신화, 또는 그리스 로마 신화는 상식처럼 통용될 만큼 널리 알려져 있지만 다른 유럽 국가의 신화는 다소 생소한 게 사실이다.

독일, 영국, 프랑스는 모두 중세 이후 세워진 나라로, 각자의 신화는 없지만 조상인 게르만족으로부터 물려받은 신화를 공유하고 있다. 베오울프 이야기, 지크프리트 이야기 등이 바로 이 게르만 신화에서 비롯된 것이다. 하지만 오늘날 게르만 신화라는 말은 거의 쓰이지 않고, 북유럽 신화라는 명칭이 보편적으로 사용되고 있다. 그리스 신화와 함께 유럽 문화의 두 얼굴을 보여 주는 북유럽 신화의 세계로 들어가 보자.

게르만 신화에서 북유럽 신화로

그리스 신화는 그리스 문명을 일군 사람들에 의해 문학을 비롯한 여러 형태의 예술작품으로 만들어졌다. 로마와 서유럽의 예술가들은 그것을 계승하고 재창조해서 오늘날 우리가 알고 있는 세련된 이야기들로 다듬었다.

그에 비해 북유럽 신화는 당시의 원시적 세계관을 상당 부분 간직하고 있다. 게르만족은 5세기에 서로마 제국을 멸망시키고 서유럽의 주인이 되었다. 이들은 기독교와 그리스 로마 문화를 받아들이면서 본래의 게르만 신화를 점차 잊어 갔다.

망각되어 가던 게르만 신화는 9세기에 바이킹의 활약을 계기로 서유럽에 다시 알려졌다. 바이킹은 북유럽에 남아 있던 게르만의 일파로, 노르만이라고도 한다. 이들은 고유의 신화를 간직하고 있다가 원형 그대로 서유럽에 전해 주었는데 이들 바이킹이 간직하고 있던 게르만 신화가 바로 북유럽 신화이다.

한 시대를 품은 신들의 역사

서기 2세기 로마 역사가 타키투스는 게르만족이 사는 곳을 여행하다가 재미있는 사실을 발견했다. 로마에서는 요일에 신들의 이름을 붙여 부르는데, 게르만족도 똑같이 하고 있었던 것이다. 로마인이 주피터(그리스의 제우스)의 날로 부르던 목요일을 게르만인은 토르의 날로 불렸는데, 공교롭게도 주피터와 토르는 둘 다 천둥과 번개의 신이다.

오늘날 유럽에서도 북유럽 신화보다는 그리스 신화가 더 유명하지만, 요일 이름에는 북유럽의 신화의 흔적이 더 많이 남아 있다. 목요일을 일컫는 Thursday는 바로 토르의 날을 뜻하고. 화요일인 Tuesday는 티르의 날, 수요일인 Wednesday는 오딘의 날, 금요일인 Friday는 프리그의 날이다. 토요일인 Saturday만 로마 신화 속 농업의 신 사투르누스(그리스 신화의 크로노스)에서 유래했다.

그리스 신화의 신들은 불사신이지만 북유럽 신화에서는 신도 죽음을 맞이한다. 최고의 신인 오딘도 한 마리 늑대에게 잡아먹히고 만다. 신도 죽어나가는 세상인데 한낱 미물인 인간의 삶이야 오죽할까? 바로 여기, 두 신화에 담긴 세계관의 차이가 있다.

질서의 신화와 파국의 신화

그리스 신화와 북유럽 신화에는 모두 신과 거인의 대결이 등장한다. 그리스 신화에서는 거인들이 지배하는 무질서한 우주를 신들이 타파하여 조화로운 우주를 창조한다. 그리스어로 무질서한 우주는 카오스, 조화로운 우주는 코스모스라고 부른다. 코스모스의 탄생은 곧 그리스 신화의 시작이다. 그로부터 개성적인 올림포스 12신, 신과 인간의 사랑, 영웅들의 모험, 트로이 전쟁 등 흥미진진한 이야기들이 전개된다.

반면, 북유럽 신화는 신과 거인이 함께 멸망하고 이 세상이 완전한 파국을 맞는 것으로 마무리된다. 잠자는 숲속의 미녀와 여러 명의 난쟁이, 북풍한설이 몰아치는 동토에 웅거하고 있는 거인, 태양을 뒤쫓는 무시무시한 늑대, 세상의 끝에서 쇠를 달구는 난쟁이, 용의 피로 목욕하고 불사신이 된 지크프리트, 하늘 끝까지 닿아 있는 거대한 나무 이그드라실 등등…. 유럽의 민담과 동화에 풍부한 자양분을 제공한 이런 이야기들의 끝에 신과 거인이 벌이는 최후의 전쟁이 펼쳐진다. 세상의 파국으로 이어지는 최후의 전쟁을 이르는 라그나로크에는 춥고 끔찍한 현실이 끝나고 새 세상이 오기를 바라는 역설적인 마음이 담겨 있다.

계몽의 신화와 경계의 신화

그리스 신화와 북유럽 신화에 등장하는 프로메테우스와 로키는 둘 다 머리가 좋고 신들의 뜻의 거슬렀다가 가혹한 형벌을 받는다는 공통점이 있다. 하지만 프로메테우스는 인간을 위해 신들이 독점하던 불을 훔쳐다 주고 기술을 가르쳐 준 계몽의 영웅인 반면, 로키는 신들을 시샘하고 이유 없이 신들에게 대드는 반항자일 뿐이다. 여기서도 알 수 있는 것처럼 그리스 신화가 인간

중심으로 정제되었다면, 북유럽 신화는 충돌과 투쟁이 끊이지 않는 세상을 신화적으로 묘사하고 있다.

그렇지 않아도 복잡한 세상, 투쟁이 난무하는 북유럽 신화가 어쩐지 반갑지 않다고? 오히려 이런 북유럽 신화를 반긴 역사가가 있으니, 바로 타키투스다. 그는 게르만 지역을 여행하던 중에 『게르마니아』라는 책을 통해 로마인에게 북유럽 신화를 소개했다. 퇴폐와 향락에 빠져 있던 로마인에게 게르만의 소박하면서도 강건한 기풍을 소개하고 경각심을 일깨워 주고자 이 책을 썼다는 것이었다. 북유럽 신화는 그리스 신화처럼 세련된 스토리텔링은 없지만, 거대한 대자연과 이 세계의 거친 본성을 꾸밈없이 드러내며 인간의 오만과 타락을 경계하는 신화라고 할 수 있다.

◑ 오디세이 프리즘

그리스 신화와 북유럽 신화는 유럽 문화의 원초적인 두 얼굴을 보여 준다. 그리스 신화는 그리스 로마의 문화적 후예답게 세련되고 지성적인 유럽인의 초상이다. 근대 유럽의 찬란한 예술과 과학기술은 그리스 신화에 담긴 정제된 세계관과 인간관의 산물이라 할 수 있다.

반면 북유럽 신화에 담긴 원시적이고 파괴적인 세계관 역시 현대 유럽인의 피에 면면이 흐르고 있다. 제2차 세계 대전을 일으킨 나치는 북유럽 신화에 나오는 최후의 대결 라그나로크를 입에 달고 살았다고 한다. 끔찍하게도 전쟁을 통해 세상의 파국을 앞당긴 뒤 새로운 세상을 창조하겠다고 생각한 것이다.

이렇게 보니 찬란한 근대 문화를 이룩한 유럽인들이 왜 두 차례나 파괴적인 세계 대전을 일으켰는지, 그 속마음이 보이는 것도 같다. 그리스 신화와 북유럽 신화에 담긴 유럽의 두 얼굴은 어쩌면 이 세상 모든 사람의 두 얼굴이리라. 그런 점에서 두 신화는 인간의 미덕을 더욱 가꾸고 악행을 경계하도록 일러주는 고전으로 영원히 읽힐 것이다.

비틀스 신화의 서막을 열다
어느 날 툭 터진
대중문화의 물결

×

20세기 후반은 미국의 시대였다. 전쟁터였던
유럽과 달리 직접적인 전쟁의 피해를 입지
않았던 미국은 거칠 것 없는 경제 성장을
이루어 나갔다. 유구한 전통을 자랑하며
부유층과 지식인의 취향을 충족시키던 근대
서유럽의 고급문화는 전통에 발목 잡히는
것을 거부하는 미국 대중들에게 외면당했다.
그 대신 대중 자신들의 다양한 기호에 맞춘
대중문화가 탄생했다. 유럽과 아프리카,
아시아 등 세계 곳곳에서 모여든 사람들로
인종 전시장을 방불케 하는 미국 사회는
풍부한 대중문화의 원천이었다. 이러한 미국의
대중문화는 곧 전 세계로 퍼져나가 20세기
후반을 대중의 시대로 만들게 된다.

고급문화와 대중문화의
맞수 관계

이탈리아 파시즘에 근거를 제공한 논리 중에 '20 대 80 이론'이라는 것이 있다. 어떤 집단에서든 회의를 하면, 일반적으로 20퍼센트의 소수만이 주도적으로 참여하고 나머지 80퍼센트는 수동적으로 듣기만 한다는 이론이다. 중세 신분 사회도 아닌 현대 자본주의 사회에서 20퍼센트의 소수 엘리트가 80퍼센트의 대중을 지배하는 파시즘이 가능했던 것은 바로 이런 논리 때문이었다. 꼭 이런 이론이 아니더라도 우리는 지금까지 인류 사회가 소수의 지배 계층과 그 지배를 받는 다수의 대중으로 나뉘어 왔다는 것을 알고 있다. 이러한 문화 지형이 근본적으로 바뀌기 시작한 것은 불과 몇십 년 전의 일이었다.

이전에는 단지 일정한 지역 내에서 입에서 입으로 전해지면서 향유되었을 뿐인 대중문화가 어느 날 갑자기 폭발적으로 성장하며 엘리트 문화를 압도할 지경에 이르렀다. 그것은 대중의 문화적 욕구와 소비 수준의 성장이 음향기기, 영화, 텔레비전 같은 대중 매체들의 발달과 맞아떨어지면서 한순간에 벌어진 현상이었다. 이러한 급변에 대해 가장 혼란스러워 한 사람은 누구보다도 근대 이전까지 20퍼센트의 엘리트만을 위해 문학과 예술을 창조해 왔던 문화 예술인들 자신이었다.

클래식 전성시대와
대중음악의 지각변동

1950년대까지 서양 음악의 주류는 관현악단의 연주와 오페라로 이뤄진 클래식이었다. '클래식'의 어원은 고대 로마 시민의 4계급 가운데 제1계급을 가리키던 '클라시쿠스(Classicus)'* 까지 거슬러 올라간다. 사회의 여러 계층 가운데 최상위 계층을 위해 만들어졌고 그들의 기호에 봉사한 클래식의 역사를 알려주는 이름이다. 당시 음악가들이 곡을 써서 먹고살기 위해서는 상류층의 지원을 받을 수밖에 없었고, 왕이나 귀족 같은 엘리트 계층이라야 그들의 수준 높은 음악을 이해할 수 있었다.

이러한 클래식 전성시대에도 평민이 즐기는 음악이 전혀 없지는 않았다. 유럽에서는 오래전부터 민중 사이에서 민담이나 전설에 일정한 곡조를 붙여 암송하는 전통이 있었다. 이것을 일컫는 말이 발라드(ballade)였다. 하지만 발라드는 지방에 따라 가사와 곡조의 편차가 심해서, 많은 사람들이 함께 듣고 즐기는 음악으로 성장할 수는 없었다. 발라드의 음유 시인들은 대부분 이름이 없었고, 이리저리 방랑하며 근근이 먹고사는 신세를 벗어날 수 없었다. 또한 발라드는 농경 생활을 배경으로 생겨난 느린 곡조의 음악이었기 때문에, 산업 혁명이 가져온 빠른 속도

* '납세자 계급에 속하는 자'라는 뜻. '모범적'이란 뜻도 있다.

의 공장 생활과는 어울리지 않았다.

위풍당당한 클래식과 보잘것없는 발라드로 대비되는 음악계의 판도는 미국에서 변화를 맞이하기 시작했다. 유럽에서 건너온 상류층 이주민들은 클래식 음악을 그대로 즐겼지만, 온몸을 던져 서부로 나아간 개척자들에게는 새로운 음악이 필요했다. 발라드의 영향이 남아 있지만 미국 시골뜨기와 서부 냄새가 풍기도록 변형된 '컨트리 앤드 웨스턴'이 그들의 새 음악이었다.

미국에서 태어난 새로운 대중음악은 컨트리 앤드 웨스턴만이 아니었다. 노예로 미국에 팔려와 정착한 아프리카 출신 흑인은 서부 개척자와 달리 유럽의 음악 전통에서 자유로웠고, 아프리카 토속 음악인 블루스의 전통을 보존하고 있었다. 두 번에 걸친 세계 대전 기간 동안, 남부의 흑인 노예들은 북부 대도시로 이동했다. 그리고 1940년대 시카고 등의 도시에서 전기로 소리를 증폭하는 일렉트릭 기타를 쓰게 되었다. 흑인들은 일렉트릭 기타를 이용해 시골 블루스에는 없던 리듬을 만들어 낼 수 있었다. 이렇게 해서 탄생한 것이 바로 '리듬 앤드 블루스'였다. 흔히 알앤비(R&B)로 줄여서 부르는 이 경쾌하고 율동적인 음악은 발전을 거듭한 뒤 재즈라는 장르가 되어 오늘날에 이르고 있다.

이러한 두 가지 대중음악, 즉 컨트리 앤드 웨스턴과 리듬 앤드 블루스는 클래식 일색이던 음악 판도에 일대 지각 변동을 일으키게 될 1950년대 '로큰롤'의 예고편이었다.

로큰롤,
세상을 장악하다

로큰롤 음악이라고 하면 전자 기타와 드럼, 귀청 찢어지는 듯한 연주와 노래, 가죽옷을 입고 긴 머리를 사정없이 흔들어 대는 헤드 뱅잉을 떠올리게 된다. 하지만 이것은 로큰롤에서 갈라져 나간 여러 장르 중 하나인 하드 록 계열의 음악일 뿐, 로큰롤 전체를 대표하는 것은 아니다. 초기의 로큰롤은 미국의 컨트리 앤드 웨스턴과 리듬 앤드 블루스가 결합한 음악 장르로, 클래식의 아성에 도전장을 내민 서양 대중음악의 원류였다. 나아가 오늘날 서양 대중음악의 여러 장르가 로큰롤에서 갈라져 나왔다는 점을 감안하면, 로큰롤은 서양 대중음악 전체를 가리키는 대명사이기도 하다.

로큰롤은 제1, 2차 세계 대전이라는 인류 최대의 비극을 겪고 세상에 나타난 대중의 음악이었다. 20세기 초 서유럽은 산업 혁명을 완수하고 엄청난 수의 공장 노동자를 양산했는데, 이 시기 벌어진 두 차례의 세계 대전은 역설적으로 노동자의 지위 상승이라는 결과를 낳았다. 1, 2차 세계 대전에 도입된 총력전에서 노동자는 노동력 동원의 대상에 그치지 않고 전투력의 기본 단위라는 역할을 수행했다. 이것은 전쟁에 총알받이로 나가야 했다는 의미이기도 했지만, 노동자들이 전투력의 상당 부분을 담당했다는 뜻이기도 했다.

전쟁이 끝나자 전투에 참가한 남성 노동자뿐 아니라 후방에서 전쟁 지원 활동을 한 여성 노동자의 지위까지 이전에 비해 훨씬 상승되어 있었다. 특히 최대 전승국인 미국 병사들은 승전의 기쁨을 안고 의기양양하게 귀향했다. 그러나 급격히 향상된 사회적 지위에도 불구하고, 그들의 문화적 욕구를 채워 줄 만한 것은 아무것도 없었다. 그들은 이러한 불만을 분출할 배출구가 필요했고, 거기에 가장 적합한 것이 바로 음악이었다. 이러한 요구에 발맞춰 백인 하층민의 컨트리 앤드 웨스턴과 흑인의 리듬 앤드 블루스가 자연스럽게 결합했고, 그 결과 로큰롤이 탄생하게 되었다.

대중의 음악인 로큰롤은 형식과 내용이 간소하고 자유분방했다. 클래식의 관현악단이나 합창단과 달리 기타리스트, 드러머와 보컬리스트 1명만 있으면 연주단을 구성할 수 있었고, 악보에 구애받지 않고 즉흥적으로 연주하는 일이 흔했다. 가사도 평소 술집에서 지껄이는 음담패설이나 잡담이면 충분했다. 춤도 왈츠나 탱고처럼 격식을 버리고 제멋대로 몸을 흔들기만 하면 되었다.

이 모든 로큰롤의 성격을 한마디로 말하자면 기성 상류층의 고급문화에 대한 저항이라고 할 수 있다. 'Rock and Roll' 자체가 '부딪치고 돌린다'라는 뜻인데 이것은 대중 사이에서 성행위를 암시하는 속어였다. 이런 속어를 공공연하게 음악 장르에 갖다 붙인 것 자체가 본능적인 욕구는 감춘 채 도덕적으로 포장되었던 고급문화에 대한 직설적인 공격이었다.

1950년대 중반에 미국에서 혜성처럼 나타난 로큰롤은 곧 유럽으로 퍼져 나가 순식간에 클래식을 제압하고 구미 음악계를 평정해 버렸다. 로큰롤이 빠르게 확산되면서 대중의 우상이 대중 속에서 나오는 일이 일어났다. 미국의 엘비스 프레슬리와 영국의 비틀스가 그들이었다. 이들이 대중으로부터 폭발적인 인기를 끌면서, 때마침 발전을 거듭하던 대중 매체의 도움으로 로큰롤은 단번에 주류 음악으로 급부상했다. 클래식 음악은 주류의 자리를 내주고 변방으로 물러앉는 신세가 되고 말았다. 이것은 분명히 상류층 문화에 대한 대중문화의 승리였다.

● 오디세이 프리즘

로큰롤이 상업적 성공을 거두면서 음악도 하나의 산업으로 변모하기 시작했다. 그 결과 세련미도 한층 강화되고 다양한 갈래로 분화하고 발전하면서 음악적으로 성숙해지는 계기를 맞은 것도 사실이다. 고급문화와 대중문화의 구별이 없어진다는 것은 20퍼센트 엘리트와 80퍼센트 대중의 구별이 없어진다는 뜻이므로 환영할 만한 일이다.

로큰롤이 대중의 폭발적인 인기를 끌 수밖에 없었던 상황, 즉 성장하고 있는 대중의 의식과 정서를 고급문화가 전혀 담아 내지 못하는 데 대한 불만은 아직도 사라지지 않고 있다. 그런 상황에서 대중문화가 고급문화에 대응하여 고유의 창조성과 예술성을 갖기 위해서는 대중의 현실을 직시하고 솔직하게 표현하려는 노력이 있어야 한다. 그것을 포기하고 안전한 스타일만을 답습한다면 고급문화와 대중문화의 화해는 클래식에 대한 로큰롤의 투항을 의미하는 데 그치지 않을까.

흑사병부터 코로나까지, 바이러스와의 전쟁

제1차 세계 대전과 에스파냐독감, 전쟁보다 무서운 바이러스

×

전쟁과 전염병은 급속도로 확산되어 수많은 인명을 희생시키는 인류 역사의 대표적인 재난이다. 동서양을 막론해 크고 작은 전쟁이 끊이지 않았고, 옛날에는 그 원인조차 알 수 없었던 전염병도 줄기차게 인류 사회를 괴롭혀 왔다. 하물며 전쟁과 전염병이 동시에 세상을 덮친다면 그 피해는 이루 말할 수 없을 텐데 100여 년 전 바로 그런 일이 일어났다.

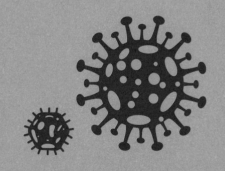

인류가 경험하지 못한
대량 살상의 현장

전쟁과 전염병이라는 양대 재앙 가운데 먼저 일어난 것은 제 1차 세계 대전이었다. 우리가 일제의 식민 지배를 받던 1914년 7월, 발칸반도에서 시작된 전쟁은 독일, 오스트리아 등의 동맹국과 영국, 프랑스, 러시아 등의 연합국 사이에 벌어졌다. 유럽을 무대로 전개된 이 전쟁에는 오스만 제국, 미국 등 다른 대륙의 강대국도 참전했는데, 이 참전국들이 아시아, 아프리카 등의 식민지에서 병력을 동원하며 세계적 규모로 확대되었다.

강대국들이 전차와 중화기로 무장하고 총력전을 펼친 제1차 세계 대전은 인류가 여태껏 경험하지 못한 대량살상을 야기했다. 1916년 7월에 시작된 솜 전투에서는 하루 만에 영국군 5만 8000명이 희생당했고, 전쟁의 부담을 견디지 못한 러시아에서는 같은 해 10월에 세계 최초의 사회주의 혁명이 일어났다.

전쟁보다 끔찍한 바이러스

이처럼 끔찍한 세계 대전이 벌어지던 와중에 더 끔찍한 전염병이 전장을 덮쳤다. 감기가 폐렴으로 발전하는가 싶다가 피부에서 산소가 빠져나가면서 보랏빛으로 변해 죽어가는 병이었다. 1918년 3월 무렵 나타난 이 전염병은 병사들이 밀집한 격전지를 중심으로 빠르게 번져 나갔다.

　에스파냐독감으로 불리는 이 병의 발원지는 정작 에스파냐에서 시작된 것이 아니다. 당시 유럽 각국은 이 병의 보도에 소극적인 태도를 보였다. 영국만 해도 1918년 9월 맨체스터를 방문한 로이드 조지 총리가 이 병에 걸려 사경을 헤맸지만, 독일이 이를 알고 대대적인 공세에 나설까 두려워 이를 사실대로 보도하지 않았다. 반면 제1차 세계 대전에 참전하지 않아 언론 통제에서 자유로웠던 에스파냐는 이 병을 자세히 다룰 수 있었다. 이 병을 보도한 뉴스가 에스파냐 언론에 자주 노출되다 보니 다른 나라에서 이 병을 에스파냐독감이라 부르게 된 것이다.

　에스파냐독감의 발생지는 미국, 고병원성으로 발전한 것은 영국 보호령이던 아프리카의 시에라리온으로 알려져 있다. 이 병은 그해 8월을 시작으로 세 달 만에 미군 2만 4000명이 죽을 만큼 전파력이 강했다. 미국의 시애틀에서는 마스크를 쓰지 않은 사람의 전차 탑승이 거부될 정도였다.

전염병, 전쟁의 판도를 바꾸다

에스파냐독감은 미국과 유럽을 휩쓸고 아시아까지 확산되었다. 특히 알래스카와 캐나다를 비롯해 북아메리카 지역 대부분이 죽음의 땅이 되고 말았다. 중세 유럽에서 수천만 명의 목숨을 앗아간 흑사병의 공포가 20세기에 현실로 다가온 것이다. 더 이상 위기를 견딜 수 없었던 교전국들은 종전을 서둘렀다. 1918년 11월 그들은 전쟁을 멈추고 이듬해 1월부터 파리에 모여 전쟁 이후의 세계 질서를 논의하기로 했다. 끔찍한 세계 대전을 끝낸 결정적 요인은 그보다 더 끔찍한 에스파냐독감이었다고 해도 지나친 말이 아니다.

전쟁이 끝나고 평화회의만 기다리고 있는 상황에서도 독감의 위세는 멈추지 않았고, 제1차 세계 대전과 관계없었던 우리나라에까지 상륙하기에 이른다. 시베리아 철도를 따라 들어온 에스파냐독감은 1918년이 무오년이라서 무오년독감으로 불렸는데 그해 9월 서울에서 첫 환자를 발생시키고 전국으로 번져나갔다. 특히 충청남도에서 기승을 부려 서산시에서는 인구의 대부분인 8만 명이 이 병에 걸리고, 예산군과 홍성군에서 수천 명이 사망했다. 당시 농촌에서는 들녘의 익은 벼를 거두지 못할 정도로 상여 행렬이 끊이지 않았고, 각급 학교는 일제히 휴교했다고 한다.

그해 12월의 통계에 따르면 약 1680만 명에 이르던 전국 인구 가운데 절반에 가까운 742만 명이 감염되고, 그중 약 14만 명이 사망했다. 치사율이 1.87 퍼센트 정도로 아주 높지는 않았는데도 그처럼 많은 사람이 목숨을 잃었다는 것은 에스파냐 독감의 강한 전파력을 보여 준다.

전쟁과 전염병,
인류에게 내린 최악의 재앙

제1차 세계 대전이 공식적으로 막을 내린 것은 1919년 6월 28일 프랑스에서 베르사유 조약이 맺어지면서였다. 이 전쟁의 종식을 재촉한 에스파냐독감은 세 차례 대유행을 보인 끝에 그해 겨울 일단락되었다.

제1차 세계 대전에서 목숨을 잃은 군인은 무려 938만 명을 헤아리고, 부상자까지 합치면 3200만 명에 달하는 희생자가 발생했다. 이것만 해도 상상하기 어려운 인명의 손실인데, 제1차 세계 대전이 막바지로 향할 무렵 유행하기 시작해 1년 반 정도 계속된 에스파냐독감은 훨씬 더 끔찍한 피해를 입혔다.

지금처럼 정확한 통계를 내는 것이 어려운 시기였지만, 어림 짐작으로도 에스파냐독감에 감염된 인구는 자그마치 약 5억 명에 이르렀다. 그 가운데 사망자는 2500만 명에서 5000만 명에 달할 것으로 짐작되어 왔는데, 최근의 연구에 따르면 최대 1억 명까지도 목숨을 잃었을 것으로 추정된다고 한다. 제1차 세계 대전의 희생자에 비해 최소 세 배에서 최대 열 배에 이르는 엄청난 숫자이다.

● 오디세이 프리즘

흑사병이 창궐하던 중세와 달리 20세기 초에는 세균학의 기초도 다져졌고 공중보건 체계도 어느 정도 마련되어 있었다. 그런데도 수천만 명이 목숨을 잃었다는 것은 충격적인 일이다. 전쟁과 맞물리면서 전파의 속도와 규모가 급증한 것도 중요한 원인이었다. 이를 계기로 독감 예방 접종도 시작되고 바이러스를 정복하기 위한 연구도 급진전되었다. 21세기 들어서도 바이러스는 거의 주기적으로 전염병의 대유행을 일으키며 인류를 위협하고 있다. 신종코로나바이러스(COVID-19)가 확산되는 요즘, 100년 전처럼 세계 대전이라도 벌어지고 있었다면 상상만으로도 몸서리가 쳐진다. 미래의 인류는 골육상쟁의 전쟁을 완전히 멈추고 바이러스와의 전쟁에 총력을 기울여 과연 승리를 얻을 수 있을까.

밀레니얼을 위한
역사 오디세이

발행일 초판1쇄 2020년 4월 30일　초판2쇄 2020년 10월 30일
지은이 강응천 | **펴낸이** 유재건 | **펴낸곳** (주)그린비출판사 | **주소** 서울시 마포구 와우산로 180, 4층
주간 임유진 | **편집** 신효섭, 홍민기 | **디자인** 권희원
마케팅 유하나 | **경영관리** 유수진 | **물류유통** 유재영
전화 02-702-2717 | **팩스** 02-703-0272 | **이메일** editor@greenbee.co.kr | **등록번호** 제2017-000094호

철학과 예술이 있는 삶 **그린비출판사** www.greenbee.co.kr